보이는 것 너머
보이지 않는 것을
보는 힘

R E A D I N G

리딩

나는 지금, 영혼과 이야기하고 있어요.

"자, 이제껏 배웠던 관념과 지식은 버리고 와.
텅 빈 상태에서 다시 들으라고!"

개똥구리 지음

PaPerPePPer ArtStudio

책 소개

'보이는 것 너머, 보이지 않는 것을 보는 힘'

이 세상에는 눈에 보이는 것 이상의 현실이 존재하고 있다. 삶을 이루는 무수한 순간과 선택 속에서도, 우리는 항상 '나'라는 존재와 꾸준히 대화를 나누며 존재의 중심을 이어간다.

내가 알고 있는 나는 과연 어떤 존재일까? 진짜 '나'는 누구일까? 이런 질문에 대한 궁금증은 결코 멈춰지지 않는다.

주인공인 '창'을 통해 시작된 대화는, 영혼을 '자기'라고 표현하고, 사회적, 문화적으로 키워진 성격과 특성을 의미하는 에고를 '자아'라고 표현한다.

어쩌면 많은 종교가 그래왔듯이, 경전이 많은 사람들의 해석으로 인해 변질되어온 역사가 있는 이유 또한 모든 진리를 머리로 해석하는 것이 불가능한 이유가 아닐까? 그런 의미에서 이 책은 매우 간단하며 쉬운 삶의 진리를 풀어놓았지만, 그 속에 담긴 엄청난 깊이의 본질적 의미를 머리로 이해하는 것은 실제로 불가능하다.

그래서 창은 말한다.

"나는 지금, 영혼과 이야기하고 있어요."

등장인물. 창(CHANG)

한때 작가 지망생들에게 책을 쓰는 방법을 가르쳤다. 지금은 글을 쓰는데 집중하며 상담을 병행하고 있다.

어느 날 저녁, 창은 자신의 의식이 수십 억, 수십 조 단위로 쪼개지는 듯한 의식의 분리를 경험했다. 분리된 의식은 분리된 수 만큼의 세계를 보여주었고, 창은 쏟아지는 충격을 감당하지 못하고 기절해버렸다.

수 시간이 지나 깨어난 그는, 도저히 믿을 수 없는 경험을 하게 된다. 그 자신의 영혼이라고 말하는 '자기'가 몸을 통해 말을 건네온 것이다. 이후 창은 '자아'로서 자기와의 대화에 참여하게 된다.

40일 동안 자기와 자아가 나눈 13번의 대화는 창이 이제껏 결코 알 수 없었던 인생의 비밀을 깨우치게 했다.

초월적인 삶의 비밀을 통해 영혼과의 합일을 체험한 이후, 창의 인생은 완전히 달라졌다.

지은이. 개똥구리

영성 예술가, 스토리텔러

그의 펜과 그의 붓은 영혼이 속삭이는 언어를 담담히 담아내며, 눈에 보이지 않는 힘과 일상의 숨은 진리를 섬세하게 포착한다.
"개똥철학보다 개똥구리가 낫다."는 말이 가장 큰 찬사라고 말하는 그의 소박하고 독특한 철학은, 사람들에게 보이는 세계 너머를 들여다볼 수 있는 창을 열어준다.

▶ 🔍 개똥구리

나는 오로지 하나의 걱정밖에 없어요.
'포착'.

세계를 포착하고,
나의 인물을 포착하고,
독자를 포착해서 나와 함께 끌고 가서
강렬하게 살게 만드는 것.

그리고 삶과 인간에게 신성한 것을 옹호하는 것.

로맹 가리, 『인간의 문제』

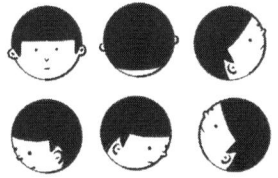

목 차

창의 이야기.	눈이 아닌 영혼으로 읽다	⋯ 12
대화의 시작.	자기와 자아	⋯⋯ 19
첫 번째 대화.	뫼비우스의 띠	⋯⋯ 27
두 번째 대화.	인간의 본능	⋯⋯ 39
세 번째 대화.	3가지 선택권	⋯⋯ 57
네 번째 대화.	낙화	⋯⋯ 67
다섯 번째 대화.	무엇이 옳은가	⋯⋯ 81
여섯 번째 대화.	성향이란 무엇인가	⋯⋯ 97
일곱 번째 대화.	따로 또 같이	⋯⋯ 117
여덟 번째 대화.	21개의 잔	⋯⋯ 133
아홉 번째 대화.	영혼과의 대화	⋯⋯ 153
열 번째 대화.	극과 극	⋯⋯ 165
열한 번째 대화.	체(體)의 에너지	⋯⋯ 179
열두 번째 대화.	행운과 불운	⋯⋯ 195
열세 번째 대화.	착각	⋯⋯ 209

창의 이야기 ■ ■■■■■■   눈이 아닌 영혼으로 읽다

그림자

누구에게나 그림자가 있다. 사람들이 흔히 떠올리는 그림자의 의미는 음침하고 우울하며 상처가 되는 것이지만, 그림자의 진짜 의미는 자신이 태어날 때부터 가지고 있는 빛, 선천적인 재능을 꺼내기 위해 필요한 저항성이다. 그 빛을 원하는 대로 쉽게 꺼낼 수 있으면 좋겠지만, 그런 일은 거의 없다. 특히 그 빛이 **빛**으로 사용되기까지 더 많은 훈련이 필요하다는 신의 뜻이 함유되어 있을 때, 그림자는 그 삶에 더욱 짙게 드리워진다.

나의 그림자는 '평범하게 살아가는 것'에 대한 열망이었다. 평범한 외모, 평범한 가정, 평범한 직장. 그러나 나는 이 모든 평범한 것을 보란 듯이 실패했다.

태어나서부터 나는 유난히도 유별났다. 14시간 산고 끝에 태어

났고, 엄마가 밥을 먹을 때나 화장실을 갈 때도 엄마 등에서 떨어지지 않았다. 잠시라도 바닥에 놓는 순간, 입술이 새파랗게 되도록 울어댔으니 키우기 이만저만 힘든 아이가 아니었다.

나는 고독과 외로움의 연속이었던 유년시절을 달래기 위해 방 안에 책 성(城)을 쌓아놓고 읽은 책을 또 읽고, 또 읽으며 바깥에 일절 나가지 않았다. 그런 내가 걱정된 어머니는 소아정신과에 나를 데려가기도 하셨다.

15살 때는 타고 가던 자전거의 브레이크 선이 달리던 앞 바퀴에 감기면서 그대로 아스팔트 바닥에 고꾸라진 이후 얼굴에 커다란 흉터가 생겨, 외모에 민감했던 학창 시절을 괴로워하며 보냈다. 그 외에도 항상 몸이 약했던 나는 폐렴, 허리디스크, 알레르기, 심한 두통 등으로 '아픈' 유소년 및 청년 시절을 보냈다.

그때 나를 위로해 주었던 건 음악이었다. 라면 1개로 하루를 살아갈 정도로 가난했던 현실 속에서도 곡을 만드는 작업은 삶의 희망을 불어넣어 주었다.

하지만 얼마 지나지 않아 그 희망은 무참히 깨졌다. 소속 기획사가 부도가 나고, 설상가상 녹음실 화재까지 겹치면서, 나는 '뭘 해도 재수 없는 사람'이라고 스스로 낙인을 찍었다. 미루고 미루다 뒤

늦게 간 군대에서는 입소하자마자 발을 크게 다쳤고, 군 복무 중 아버지가 경제사범으로 교도소에 들어가면서 가세는 더욱 크게 기울었다.

만기 전역 후, 먹고 살기 위해 공무원이라는 직업을 선택했다. 나와는 전혀 어울리지 않는 직업 같았지만, 내가 그토록 바라던 가장 '평범해 보이는' 직업이었다. 게다가 '뭘 해도 되지 않던' 내가 그 어렵다던 공무원 시험에 합격하였으니, 새로운 희망이 생겼음이 분명했다. 정식 임용 이후 최단기간 특진 및 수많은 표창을 받으며 승승장구했다. 그러나 나는 10년 만에 공무원을 그만두었다.

2002년 월드컵 시청을 포기하면서까지 공부해서 합격했던 공무원을 그만두었다. 직업의 사명이 아닌, 가난에 대한 결핍을 이겨내고자 선택한 직업이었기에 시간이 갈수록 불행하다는 생각을 떨칠 수가 없었기 때문이었다. '남들 다 하는 건데, 나도 이겨내야 해!' 나는 더 열심히 일했고, 더 큰 성과를 내려고 노력했다. 하지만 공무원이 된 지 10년이 다 되어가던 시점에서 또다시 불행이 닥치기 시작했다.

틀에 박힌 생활과 과중한 업무에서 오는 스트레스 때문에 안 그래도 약한 정신력과 육체가 그야말로 너덜거리기 시작했다. 정신적 외로움과 육체적 고통은 더 큰 불행의 그림자를 드리웠고, 결국 결혼 생활마저 적응하지 못하고 이혼까지 하게 되었다. 퇴사 이후 나는 어디에도 정착하지 못하고 전국을 돌아다녔다. 어디를 가도 몸이 아팠다. 잠을 잘 수가 없었다. 결국 중추신경 마비로 인한 전신마비가 찾아왔고, 큰 수술을 겪어냈다. 조금 괜찮은가 싶더니, 암까지 뒤따라 발병하며 불행은 극에 달했다.

그림자는 운명을 피하려고 할 때 더욱 크게 드리워진다. 평범하게 살아가고자 하는 열망은 운명에 대한 반항이었다. 사실 나는 어릴 적부터 절대 '평범하게' 살 수 없다는 것을 알고 있었다. 하지만 그것을 명확하게 인지하고 받아들이는 데 꽤 오랜 시간이 걸렸다.

평범함

특별한 영적 재능, 그리고 영매(靈媒). 가장 듣기 싫어했던 말이며, 가장 많이 들었던 말이다. 사람들은 나를 향해 농담 반 진담 반으로 무당, 아기 동자, 목사님, 스님이라고 불렀다. 나는 사람들의 언행이 불편했다. 의식적, 무의식적으로 나를 특별하게, 다르게 보는 사람들의 시선에서 벗어나고 싶었다. '평범하게 살자'라는 그림자 밑에서 내가 드러나는 건 너무나 불편한 일이었다.

'차라리 인정하세요.'라는 말을 들을 때마다, '저는 그런 사람이 아닙니다.'라는 말로 부인하고, 부정했다. 하지만 나의 재능은 결정적일 때마다 사람들에게 보였고, 쓰였다. 어느 날 내가 생각하는 '평범함'이란 무엇인지 들여다 보았다. 취직, 결혼, 아이, 아파트, 가족 여행, 부동산, 주식 투자, 게임, 모임, 술자리, 골프… 이런 단어가 나에겐 평범함이었다. 그래서 안정된 직장에 취직하고, 영혼까지 끌어모아 아파트를 사고, 주식을 배우고, 남들 다 하는 모임, 술자리, 골프, 좀 더 잘살아 보겠다고 사업도 했었다.

이 모든 것이 나에겐 평범함으로 가는 길이었다. 하지만 그 어떤 행복도 느낄 수 없었다. 원래 평범함이란 재미없는 거라고 자위하며 지내기에는, 평범하기 위해 발버둥을 치는 일상이 지루하고 고통스러웠다. 남들 다 하는 그 평범함이, 나에겐 너무 힘들게 느껴질 때가 많았다. 때로는 그 '평범한 것들'이 기묘하게 느껴졌다. 때론 무섭게 느껴졌다.

영혼을 느끼며

6살 때 있었던 일이었다. 카세트 플레이어를 방바닥에 놓고, 조용필의 <창밖의 여자>를 틀었다. 노래 후렴 부분에 흘러나오는 '누가 사랑을 아름답다 했는가, 누가 사랑을 아름답다 했는가' 이 부분을 수십, 수백 번 카세트테이프가 늘어날 때까지 따라 불렀다.

조용필 아저씨를 좋아한 이유는 노래에서 느껴지는 영혼의 감각 때문이었다. 노래를 듣고 따라부르다보면, 조용필 아저씨의 영혼이 주는 울림을 가슴 속 깊이 느낄 수 있었다. 방바닥에 누워 목청이 터져라 '누가 사랑을 아름답다 했는가'를 외치며 눈물을 흘리는 6살의 아이를 평범하게 보는 어른은 아무도 없었다.

영적인 교감

영혼의 감각은 내 소심함을 비웃듯 두려움을 비집고 밖으로 표현되었다. 감추려고 해도 도저히 감출 수가 없었다. 그 독특함은 음악, 미술 등 예술적 영역과 언어적 영역, 그리고 관계에서도 표출되었다. 다만 억지로 꾹꾹 눌러 놓은 것이 튀어나오다보니 극단적이었고, 의존적인 형태로 문제를 일으키기도 했다. 사람들과의 소통과 정서적 교감이 서툴렀던 나는, 사람들을 기피하는 지경에 이르렀고, 나 자신을 어둠 속으로 끌고 들어갔다. 그러던 어느 날 내 안의 영혼과 자아의 대화가 시작되면서, 내 인생은 완전히 달라지기 시작했다.

느낀다, 본다, 읽는다

영혼과 자아의 대화를 받아쓰기 시작하면서, 며칠간은 혼돈에 빠졌다. '영혼도, 나도, 자아도 나인데, 내 몸은 이걸 받아 적고 있다니, 내가 드디어 미친 걸까?'

대화가 종료된 후 비로소 알게 되었다.

'모든 것이 사실이었구나!'

나는 드디어 그림자를 빠져나올 수 있었다. 눈을 가리고, 귀를 닫고, 입을 막고 살았던 '나'는 사라졌다. 받아 적은 대화 속 내용이 모두 진실이며 사실이라는 것을 깨달았다. 이 대화 이후 몸의 고통이 사라졌다. 정신적 외로움도, 행동의 실수도 없었다. 대신 명료하고 맑은 정신과 건강한 몸이 늘 유지되었다. 영혼의 리딩 READING을 통해 일어난 일이었다.

대화의 시작
자기와 자아

"게임을 하는 느낌이야!
내가 나를 보고 있다니…"

대화의 시작, 자기와 자아

○

어느 날 밤, 온몸에 열이 오르고, 구토를 하기 시작했다. 그야말로 몸이 부서질 것만 같았다. 언제 잠들었는지도 모를 정도로 지쳐 쓰러진 이후 몇 시간이 흘렀을까, 아니, 며칠이 흘렀을까… 문득 눈을 떠보니, 믿을 수 없는 일이 일어나고 있었다.

어라, 뭐지? 분명 눈을 뜨고 있는데 눈을 감고 있어!
내가 죽었나? 일어나, 일어나란 말이야!

안녕, 반가워!

어? 넌 뭐야?

난 너고, 넌 나야.

그게 무슨 개소리야!

자, 자, 놀란 건 이해해. 잠시 흥분을 가라앉히고 이것 좀 봐 봐. 시작한다!

어, 이게 뭐야. 내가 나를 보고 있잖아! 내 안에 있는 것까지 다 보여! 육체의 장기는 물론, 그 안에 있는 의식까지도! 그리고… 지금 말하고 있는 너는 영혼의 의식이구나!

그래, 맞아. 크크. 그게 바로 나이지.

내가 나를 본다…. 이 말이 진짜였다니. 내가 지금 다른 차원에서 나를 보고 있는 건가?

그래, 인간은 모든 차원에 존재할 수 있어. 한 차원의 영역에서 존재하는 육체가 전부가 아니야. 도리어, 육체란 각각 다른 차원에서 의식이 존재할 수 있다는 걸 의미하기도 해. 나의 집합체라고나 할까? 내가 어느 차원까지 존재하는지 한번 세어 봐! 크크.

12, 13… 16, 256…64조?! 악! 너무 어지러워! 모든 차원의 내가 겹쳐 보이잖아!

크크크. 롤러코스터를 타는 것 같을 거야.

이런 일이 실제로 존재하다니….

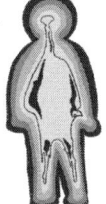

너무 놀라지 말라고! 나는 너고, 너는 나야. 이건 신기하거나 신비로운 일이 아니라, 내가, 그러니까 네가 매일 살고 있는 세상이야. 단지, 보지 못했을 뿐이지.

그럼 너는, 아니… 지금 내가 보고 있는 '나'는 신이야? 그런 존재인 거야?

네가 자아의 의식으로서 나와 대화하고 있기 때문에 그렇게 생각할 수밖에 없지. 나는 나라니까! 신이 아니야. 굳이 표현하자면 영혼이라고 할 수 있지만, 그 말도 엄연히 따지면 틀린 말이지. 자아가 갖는 데이터는 너무 작고 한계가 있거든.

인간들이 신이라고 느끼는 존재는 사실 신이 아니야. 신은 사실 매우 바빠. 그 역할은 영혼인 내가 알아서 해야 해. 그런 의미에서는 신이 나고, 내가 신이라고 말할 수도 있겠지. 창이란 이름으로 육체가 존재하는 차원에서 보면 나를 신처럼 볼 수 있겠지만, 내 입장에서는 절대 아니라는 말이야. 무슨 뜻인지 알겠어? 사찰에 주지 스님이 있는데 갑자기 어떤 신도가 너한테 와서 "주지 스님~" 이러고, 교회에 목사님이 있는데 너한테 "목사님!" 그러면 어떤 기분이겠어? 크크.

그래, 이해했어. 그럼 지금 말하고 있는 나는 무엇이고, 너는 무엇이지? 뭐라고 해야 해?

자아는 이래서 피곤하다니까. 크으. 꼭 이름을 붙이고 데이터를 만들어야 하니까 말이야. 하지만 그게 또 나이니까. 존중! 이렇게 이름을 정할게.

지금 네게 말하는 **나**는 **자기**, 영혼의 의식을 말하지.
지금 네가 말하는 **나**는 **자아**, '창'으로서 만들어진 의식을 말해.

그러니까, 너는 자기, 나는 자아…?

크크. 그래, 그렇게 정하자고.

이 세상은 무척이나 혼탁해 보이지만, 실상은 아름답다. 모두가 눈을 가리고, 귀를 막고, 입을 닫은 세상은 보이지 않는 것들을 보지 못해 생긴 공포 때문이다.

사실 우리의 인생은 더없이 아름답고, 주어진 사명은 거칠지만, 받아들일 만하다는 것을 알려주는 것이 이 대화의 목적이다.

나는 나의 영혼을 통해 세상을 읽는다. '읽는다'라는 표현이 가장 알맞은 표현이다. '본다'라는 관념은 눈에 보이는 무언가가 있지 않는 한 받아들여지지 않지만, '읽는다'라는 관념은 보이지 않아도 느껴지는 무언가가 있다는 것을 자아의 무의식이 받아들이기 때문이다.

첫 번째 대화
뫼비우스의 띠

"우리가 발명했다고 생각하거나,
나만 안다고 생각하는 모든 것들은
이미 세상에 존재하는 것들을
발견한 것임을 기억해야 해."

첫 번째 대화 ──── 뫼비우스의 띠

○

뫼비우스의 띠, 알지?

　응, 알지. 무한대의 띠를 말하는 거지?

그래, 이 뫼비우스의 띠는 우주의 모양이기도 해. 생각해 봐. 아무리 우주가 광활하다고 해도 그 또한 어떤 모양이 있을 거 아냐. 그런데 왜 아직도 인간들은 모양도, 크기도 전혀 가늠하지 못하고 있을까? 그건 우주가 뫼비우스의 띠의 형태로 되어 있기 때문이야.

와, 그거 정말 참신한 생각이네. 신은 정말 똑똑해.

똑똑한 정도가 아니라 완벽 그 자체지. 다만 그 완벽함이 인간에게도 이미 심어져 있음을 잊지 마. 그걸 활용하지 못할 뿐이지. 뫼비우스의 띠는 가장 완벽한 신의 발명품이야. 그것을 우주에 심어두었지. 광활한 차원을 관리하는 데에 뫼비우스의 띠처럼 완벽한 발명품은 없어.

잠깐, 그 도형을 발견한 사람은 '뫼비우스' 아니야? 그의 이름을 붙여 만든 것뿐이고. 그 또한 신의 계획인가?

잘난 척하기는. 크크. 뫼비우스는 이것을 창조하기 위해 역할을 다했을 뿐이지, 그가 이것을 발명한 것은 아니야. 엄밀히 말하자면 세상의 모든 발명은 발견이지. 너도 발견했었잖아! 살기 위해서 했던 기공 수행이었지만, 수련을 하면서 보게 된 여러 비밀이 있었지? 빛으로 펼쳐져 보였던 'X' 모양이 '8'처럼 보였다가, 그 모습이 다시 '▶◀' 나비 모양이 되고, 다시 '∞' 무한대 모양이 되는 과정을 직접 봤잖아.

아, 맞아. 아직도 생생해. X가 변형되어 숫자 8이 되고, 옆으로 기울더니 블랙홀▶과 화이트홀◁의 존재가 되었었어! 그리고 그것이 다시 무한대 ∞의 모양이 되는 아주 특별한 경험이었지.

그래, 맞아. 그러니까 우리가 발명했다고 생각하거나, 나만 안다고 생각하는 모든 것들은 이미 세상에 존재하는 것들을 **발견**한 것임을 기억해야 해. 여하튼, 내가 뫼비우스의 띠에 대해 알려주려고 하는 이유는 **의식**을 설명하기 위해서야. 음, 이를 위해 차원에 대해 어느 정도 이해해야 해.

1차원, 2차원, 3차원에 대해서는 선, 면, 입체라고 이미 알고 있지? 그리고 4차원은 3차원 공간의 나열이라는 것도 알고 있을 테고. 그 3차원의 공간을 보고 있는 4차원을 나열해 놓은 것이 5차원이지. 이런 식으로 차원의 상승이 일어나는 것을 **차원이 높아진다**라고 표현하지. 해변의 모래알을 차원이라고 한다면, 모래알이 늘어나는 것이 아니라, 해변이 기하급수적으로 늘어나는 것을 뜻해. 당연히 그 안의 모래알은 엄청나게 늘어나겠지! 얼마나 많겠어.

그 많은 차원의 나열이 바로 이 뫼비우스의 띠처럼 되어있지. 그러니까 차원을 더 찾기도, 보기도 어려운 거야. 지금은 시간이 많이 없으니, 이것만 간단히 설명할게. 내가 아까 이걸 설명하는 이유는 우리의 **의식** 때문이라고 했지?

뫼비우스의 띠

응. 근데 의식이 뫼비우스의 띠와 어떤 연관이 있지?

별표를 나, 자기라고 하고, 세모를 창 너, **자아**라고 하자. 우리는 하나이지만, 사실 의식이 나뉘어 있지. 몸에게도 의식이 있지만, 몸과 마음이 합쳐진 것을 정확히 의식이라고 하기도 하고, 몸은 마음의 용도에 따라 움직일 수도, 영혼의 지시에 따라 움직일 수도 있다 보니 몸은 의식체계에서 제외할게. 사실 의식은 몸처럼 눈에 **보이면** 안 되는 것이긴 하니까. 여하튼,

뫼비우스의 띠 위에 있는 별표와 세모가 서로 만날 수 있어?

보다시피, 둘은 절대 만날 수 없어. 의식은 그렇게 나뉘어 있는 거야. 그래! 니체가 **차라투스트라는 이렇게 말했다** 에서 굉장히 좋은 표현을 했지. 니체의 표현을 빌리자면 나는 **자기**, 너는 **자아**인 거야. 실제로 자기와 자아는 만날 수가 없어. 그러니까 의식이 따로 노는 현상이 발생하고, 자아는 자기의 통제력을 잃고 **나**라는 존재 자체를 인식하지 못하는 거야. 하나인데 하나가 아니게 되어버리는 거지.

그런데 너랑 나는 이걸 해낸 거야! 봐봐, 우리가 만났잖아? 다만, 그것을 해낼 수 있었던 것이 무엇 때문인지, 그리고 그것을 할 수 없게 된다면 또 무엇 때문일까? 혹시 눈치챘어?

혹시 몸…이야?

그래! 맞았어. 그게 바로 몸의 역할이야. 몸은 우리의 의식을 만나게 해주지. 엄밀히 말하면 몸은 뫼비우스의 띠가 공존할 수 있는 우주라고! 신은 몸을 그런 용도로 만들었어. **자기**와 **자아**가 만날 수 있도록 말이야. 칠월칠석에만 만나는 게 아니라 언제나 공존해 있으라고 만들어 놓은 것이 바로 몸이라는 우주야.

다만 자아가 커질수록 지 마음대로 살기 시작하면서 몸이라는 우주를 통제하고, 몸은 따로 주체적 의식이 없으니, 자아의 통제에 따라 흘러가는 거지. 인간이 자멸하는 원인이기도 해. 여하튼,

　　그러고 보니 '여하튼'이라는 말을 자주 쓰네?

너는 **어쨌든**이란 말을 자주 하잖아? 크크. 그게 우리가 비슷하다는 증거지만 아주 다르기도 하다는 증거지. 너는 무겁고 나는 진중하지만, **자유롭다** 정도로 마무리 짓자고. 크크. 여하튼!

몸이라는 뫼비우스의 띠 안에서 우리는 의식이 나뉘어 있지만, 음, 참고로 이 의식을 합칠 수는 없어. 우주의 진동을 통해 태초부터 분리된 의식이기 때문이야. 그런데 우리의 의식이 **합쳐질 필요는 있어**. 실체를 넘어 실제로 말이야. 이 말이 무슨 말인지는 알겠어?

의식은 나뉘어 있지만, 결국 하나로 움직여야 한다. 완벽한 팀이 되어야 한다, 이런 건가?

음! 비슷해. 팀은 아니지만 한 몸과 같지. 팀 이상이지. 인간의 언어로는 표현할 수 없어. 자기와 자아가 함께 커지면 **바라보는 의식**이 커지게 돼. 바라보는 의식이란 영혼의 의식을 뜻하지.

자기의 의식이 커진다는 뜻은 자기가 **발견된다, 인식된다**라는 뜻이고, 자아의 의식이 커진다는 뜻은 **침묵한다, 붕괴한다**라는 뜻과 같아. 붕괴라는 단어가 살벌하게 느껴질 수도 있지만 블랙홀을 거쳐야 화이트홀로 새로운 것이 탄생하듯이, Black hole의 **Breaking**을 통해 White hole의 **Wakening**이 일어나게 돼. 그렇게 합쳐진 의식이 커지면, 뫼비우스의 띠에 놓인 별표, 세모 딱 그 부분에만 갇히지 않고, 띠 전체를 볼 수 있어! 마치 1차원에서 2차원, 3차원으로 범위가 넓혀지는 것처럼 말이야!

1차원에 있는 존재는 선 안에 있는 것들만 볼 수 있지만, 2차원에 있는 존재는 1차원을 볼 수 있잖아? 똑같은 원리지. 다만 다른 것이 있다면 3차원에서는 1차원, 2차원의 존재를 볼 수 있고, 그곳에 갈 수도 있지만, 1, 2차원에서는 3차원의 공간을 모두 볼 수는 없지.

몸은 3차원 입체 공간이야. 4차원부터는 몸의 존재가 없기 때문에 의식으로만 오갈 수가 있지. 그래서 인간들이 4차원 이상을 몸으로는 경험할 수 없는 거야. 인간이 워낙 똑똑하니까 타임머신을 개발할 수도 있지만, 나는 그거 반댈세. 크크. 엄청난 후폭풍이 따라 올 거야.

정리하자면, 우리의 의식은 다른 곳에 있지만, '합쳐진' 의식이 몸을 통해 뫼비우스의 띠를 전체적으로 바라볼 수 있게 되고, 그로 인해 우리가 서로 만나고 이렇게 대화할 수도 있다는 거네?

그렇지! 역시, 잘 키운 보람이 있다니깐. 크크. 우리는 지금 몇 차원일지도 모를 공간에서 서로 **합치**가 되어 있는 거야. 우리의 의식이 합쳐져서 몸으로 둘의 의식을 나타내고 있고, 또한 네 의식으로 내 의식을 전달하고 있고, 내 의식으로 흐르는 기운을 네 의식이 읽고 받아들이고 있으니, 이거야말로 완벽한 자기와 자아의 조화로움 아니겠어? 이것이 바로 **나**이지. 원래부터 신이 만들어 놓았던 **나**에 우린 가깝게 가고 있는 거야. 거의 다 왔다고!

자기와 자아와의 만남

두 번째 대화
인간의 본능

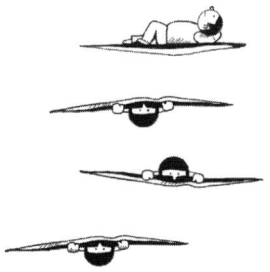

"어차피 꺾을 수 없는 고집,
네가 직접 부딪쳐 보고 쓸데없는 짓이라는 걸
깨달아야 그만두겠지."

두 번째 대화 —— **인간의 본능**

○

아, 자고 싶다.

자면 되지, 뭐가 문제야?

할 일이 많아! 그리고 보면 '자기' 너는 진짜 천하태평이구나. 걱정이 없어!

영혼에게 걱정이 있을 리 없지. 애초에 걱정이라는 것 자체가 경험된 것이 파생하는 두려움에 불과하거든. 그러니까 너는 '걱정덩어리'다, 이거지. 크크크.

그럼 어떻게 하란 말이야? 할 일이 많은데 그냥 잘 수는 없잖아!

왜? 그냥 자면 왜 안 되지?

어휴, 내가 말을 말아야지. 지금 자버리면 그만큼 오늘 해야 할 일을 미루는 거고, 나는 점점 성공에서 멀어지는 거라고! 꿈이 있으면 잠을 줄여서라도 내가 목표로 한 일을 이뤄야지. 그게 당연한 거 아니야?

그래? 그럼, 그렇게 해!

뭐야, 뭐가 이렇게 간단해? 불안하게.

네가 한다는데 뭐. 어차피 꺾을 수 없는 고집, 네가 직접 부딪쳐 보고 쓸데없는 짓이라는 걸 깨달아야 그만두겠지. 너는 나고, 나는 너야. 잊지 말라고. 내가 나를 믿어줘야지, 누가 나를 믿어주겠어. 크크크.

그래… 고맙다, 고마워. 하암… 그건 그렇고 너무 졸리다. 왜 육체는 꼭 자야 하는 거야? 이럴 때 잠을 못 자게 해줄 수는 없는 거야?

그럴 수 있다면, 그럴 수 있겠지. 하지만 그럴 수 없으니까 그럴 수 없는 거야.

그럴 수 없으니까 그럴 수 없다고? 그게 도대체 무슨 말이야?

인간의 주체성으로도, 신성한 능력으로도 건드릴 수 없는 것, 그게 바로 본능이지. 지금 네게 잠이 쏟아지는 것처럼 말이야.

본능이라⋯. 본능의 정체가 도대체 뭐야? 본능적으로만 사는 건 너무 무식한 거 아냐?

본능이란 말이지, 따를 수밖에 없도록 만든 자동 프로그램이라고 할 수 있어. 왜 하는지도 모르면서 움직이게 하는 것이지. 때론 본능적인 것이 이성과 섞여서 본능인지 이성인지도 모르고, 이성인지 감성인지도 모른 채 본능이라 생각하고 따라가는 경우도 많지만 말이야.

물론 본능에 따라 행동하는 게 나쁜 것만은 아니야. 그런데 만약 인간에게 본능을 주지 않고, 이성과 감성, 생각과 감정만을 줬다고 생각해 봐. 지들이 엄청나게 똑똑한 줄 착각하고, 모든 본능을 자기 마음대로 만들어버렸을 거야! 심지어 살인까지도 본능이라고 우기는 사람들이 생겨나겠지.

그것참 무서운 말이네. 살인을 본능이라고 우길 수 있다니. 하지만 실제로 폭력이나 살인을 하고 싶은 감정을 본능이라고 말하는 사람들도 있어.

그건 인간의 가장 비겁한 변명인 합리화지. 본능이란 **근본의 능력**을 뜻하지. 즉 선천적인 능력을 뜻해. 선천이 무엇이지? 先天, 하늘이 먼저 준 능력이라는 뜻이지. 인간은 신을 하늘로 뜻하여 문자를 만들었으니, 여기서 **본능**을 준 것은 신을 뜻해. 실제로도 그러하고.

여기에서 질문. 인간에게 이로운 본능이라는 게 있어? 그리고 신이 인간에게 본능을 굳이 탑재한 이유가 뭐지?

내가 탑재한 것은 아니기 때문에 왜에 대해 명확한 답을 줄 수는 없지만, 그래도 그 이유에 대해서는 잘 알고 있지. 내가 명확한 답을 줄 수 없다고 한 건, 그냥 내가 알고 있기 때문이란 걸 잊지 마. 비빔밥을 한 번도 먹어본 적 없는 외국인에게 비빔밥에 대해 하나하나 자세히 설명해 봐야, 내가 아는 그대로를 전달할 수는 없다는 한계가 있잖아? 또한 비빔밥을 만드는 방법은 잘 아는데 직접 만들어 본 적이 없다면 그 또한 분명한 한계가 있겠지. 여하튼, 서론은 여기서 마치고.

본능을 탑재한 이유는, 인간이 미덥지 못한 존재라서 그래. 신이 인간을 믿지 못한다는 말은 아니야. 그렇다고 믿는 것도 아니지만. 크.

그저 태어나자마자 엄마의 젖을 빨고 살아남아야 하는 인간의 생존 본능과 더불어, 종족 확산 본능, 모르는 것을 알고 싶어 하는 본능, 미지의 세계에 대한 탐구 본능, 사람과 사람을 연결하려는 본능, 몸과 마음을 더욱 편하게 만들려는 본능, 아름다워지려는 본능, 행복해지려는 본능, 예쁘고 귀여운 것을 좋아하는 본능, 가지고 싶어 하는 본능, 다시 내려놓는 본능 -이는 몸의 먹고 싸는 본능과도 일치하지- 표현하려는 본능, 사용하려는 본능, 의지하려는 본능, 가르치려는 본능, 배우려는 본능, 아침 해를 보고 희망이 차오르는 본능,

저녁노을을 보고 감성이 짙어지는 본능.
이 모든 본능이 있기에 인간이 존재할 수 있어. 본능은 **인간이라는 존재를 존재하게 하는 완벽한 프로그램**이지. 인간의 이성과 감성 뒤에는 본능이 자리 잡고 있어. 그 수많은 본능이 없다면, 인간에게 이성과 감성 또한 존재하지 않아.

생각과 감정 대부분이 본능에서 파생되는 거라면 인간이 결국 본능으로 살아간다는 거잖아! 흐르는 강물이 없다면 거꾸로 거슬러 오르는 연어들이 없는 것처럼 말이지?

음! 표현이 영 간질간질하긴 하지만, 맞아! 역시 감성적이라니까. 그 간질간질한 감성도 타고난 본능과 더 깊게 맞닿아 있기 때문이야. 누구에게는 감성을 더 많이 주고, 다른 누군가에겐 이성을 더 많이 준 것이 아니라고! 이성과 감성은 모두에게 똑같이 분배되어 있어. 다만, 본능과 가장 크게 맞닿아 있는 부분이 **어디인가**가 중요한 것이지.

따라서 본능을 살리고, 본능대로 살아가다 보면, 자신에게 주어진 이성과 감성을 모두 사용할 수 있어. 이걸 **직감**이라고 표현하는 이들도 있지. 이성과 감성을 사용하고 싶을 때 사용하고 싶은 곳에 사용한다는 거야. 이 또한 천재(天才)지. 하늘이 준 재능.

아하, 그래서 내가 MBTI 검사를 할 때마다 극 외향형이었다가 극 내향형이 되기도 했었던 거네! 내 행동 패턴과는 상관없이 말이야. 행동은 이성과 감성에 영향을 받는 '표현'이지만, 네 말대로라면 사용하고 싶을 때, 사용하고 싶은 곳에 사용할 수 있으니까 말이야. 마치 배우에게 '레디, 액션!'하는 것처럼. 안 그래?

크크. 훌륭해! 그래, 행동을 이성과 감성에 지배당하지 않고, 자신의 의식대로 활용할 수 있는 것, 그것이 본능조차 지배하는 의식체계에 다다른 인간의 참모습이지. 아주 잘하고 있어.

또 물어본 게 뭐였지? 그래, **이로운 본능**에 관해 물어봤었지. 하나만 물어보자. 이롭지 않은 본능이라는 것이 존재할까?

그렇지 않을까? 모든 게 이로울 수는 없잖아.

그렇지 않아. 그건 창, 네가 본능을 통해 얻어지는 표면적인 것만 생각했기 때문이야.

글쎄, 나도 나름대로 그 깊이를 보고 있다고.

그게 자만이지. 예끼! 꼭 칭찬을 받으면 우쭐해지는 것이 사람이라니까. 크크. 이것도 본능이지. 마침 잘됐어. 이 본능은 좋은 걸까, 나쁜 걸까?

아, 깜짝이야! 살짝 쫄았잖아! 글쎄, 꾸중을 들으면 기분이 좋지 않으니까… 이롭지 않은 거 아닐까?

아니지! 그건 네 이성과 감성의 영역으로 직접 들어가서 사고하고 감정을 일으키기 때문이야. 빠져나와서 보자고. 바로 이럴 때 의식의 시선에서 보려는 노력이 필요한 거 알지? 자, 감정에 휘둘리지 않던 상태의 너로 돌아와 봐.

후, 맞아. 난 감정적일 때 판단력이 흐려져. 고마워. 돌아왔어. 그리고 툴툴거려서 미안해. 누군가에게 꾸중을 들어본 게 너무 오랜만이라 발끈했어.

크크. 그렇지, 누가 널 꾸짖었겠어. 넌 그만큼 꽤 잘해왔으니까. 또한 네 스스로 꾸중하고 반성하면서 여기까지 발전해 왔잖아? 이제는 내 꾸중을 들을 차례라고 생각해. 내가 나에게 하는 꾸중만큼 확실한 조언은 없으니까 말이야.

…

이제, 들을 준비가 되었군.

시작하자. 너는 내 대답에 반박하며 감정이 올라왔었어. 그렇지?

  응, 맞아. 돌이켜 보니, 나는 질문할 때부터 이미 '이로운 본능'만 존재한다고 여겼었어.

바로 그거야. 인간은 자신이 아는 것에서 벗어난 사실에 대해 **받아들이지 못하는 본능**을 가지고 있어. 앞에서는 와! 그렇군요!라고 해도 100% 신뢰하지 않지. 왜냐하면 받아들이지 못하는 본능은 자신을 지키려는 즉, 알고 있었던 것들을 지키려는 본능으로 이어지거든. 그 본능은 자아, 네가 너의 고집을 지키기 위해 한껏 이용하는 것이기도 하고. 크크.

본능이 본능으로 이어지고, 그 본능은 공격적이거나 방어적인 이성을 건드려서 전투태세에 몰입하게 만들지. 그리고 그 이

성은 공격 혹은 방어=적대라는 감정을 만들어 버리는 거야.

 다시 어려워졌어. 그러면 그 본능은 인간에게 이롭지 못한 본능 아니야? 결국 인간들끼리 적대적으로 대하게 만드는 거잖아.

아니지, 아니지. 끝까지 들어봐. 은근히 성격 급하다니까. 크크.

받아들이지 못하는 본능은 새로운 것을 받아들이는 충격을 완화하려는 몸의 본능이야. 너도 겪었잖아. 급격한 변화가 올 때 몸부터 아프거나 어떤 신호가 왔었던 것을. 만약 그 본능이 없었다면, 네 몸은 진작 박살이 났을 거라고.

지키려는 본능은 그다음 단계의 본능이야. 지켜야 할 것들이 의식적 범위에는 없지만, 자아의 영역에는 분명 존재하지. 그것을 분별하지 못하니까 문제가 되는 거고. 지키려는 본능이 전쟁을 일으키고, 서로 미워하며 믿지 못하는 상황을 만들기도 하지만, 그건 본능 때문이 아니야. 그 본능 때문에 불거지는 이성과 감성을 제대로 사용하지 못했기 때문이지. **인간으**

로서 성숙하지 못하기 때문이야.

아, 그래서…. 자아로서의 내가 성숙해져야 한다는 거구나. 맞지?

그래, 맞아. 성숙함은 감정을 사용하는 가장 중요한 척도야. 성숙함을 막는 자아의 감정은 **자만**이 대표적이지. 너는 너의 질문이 잘못되었는지도 몰랐잖아? 질문을 할 때부터 이미 자만이 가득 차 있었던 거야.

자만이라는 감정은 받아들이지 못하는 본능과 지키려는 본능에서 파생된 이성과 감성의 복합체야. 자만한 사람에게는 그 어떤 말을 해 봐야 씨알도 먹히지 않아. 하지만 너는 그럼에도 불구하고, 자만을 인정하고 한풀 꺾었잖아? 이는 놀라운 성과라고. 그것은 나를 위해, 실로 대단한 일이지. 위대한 일이라고. 이성과 감성의 짙은 연기 속에서 벗어나, 나의 본능을 바라본 것이니까.

그때 알게 되지. 본능을 알면 알수록, 자신을 통제하고, 이해하고, 심지어 **사랑**할 수 있게 될 거란 사실을 말이야. 지금까지의 사랑이 아닌 **사랑**을.

 나를 이해하기 위해서는 본능, 즉, 이성과 감성의 시작점이 어디인지 알아야 한다는 거잖아! 그러면 다른 사람들의 화, 자만, 그리고 이해할 수 없었던 수많은 행동들을 이해할 수 있겠다. 아! 그러고 보니, 결국 나도 그런 과정을 하나씩 거치면서 다른 사람들을 조금씩 이해할 수 있었던 거구나. 나처럼 속 좁은 인간이!

 맞아! 그리고 네가 속이 좁은 사람인 것도 맞아! 크크크. 삐지지는 말라고. 네 속이 좁다는 말은, 네가 사람들이 아는 것보다 훨씬 더 이기적이고, 자신을 가장 중요시하는 자아를 가지고 있다는 뜻이야. 바꿀 수 없는 **본능**과 비슷한 거야. 하지만 그 자아 덕분에 너 자신을 더 파고들 수 있었으니, 그 또한 이로운 본능 아니겠어? 그리고 그 좁은 속으로도 웬만한 성인군자들보다 사람들을 더 깊이 이해하게 되었는데 이보다 이로운 게 있겠어?

 그래, 맞아. 깊이 반성이 돼. 감사함이 밀려오네.

그래, 여기에서 감사함이 밀려오는 이유가 뭐겠어? 가장 중요한 대답이 하나 남았어. 본능은 신이 인간에게 부여한 프로그램이야. 마치 **씨앗**과 같지.

그리고 신은 철두철미 그 이상, 완벽이라고 말하기에도 부족할 정도로 빈틈없이 완전한 존재, 아니 감히 존재라고 부를 수도 없는 그 무엇이지. 그런 신이 인간에게 본능을 투여할 때 가진 생각이 뭐겠어? 인간을 괴롭히려고? 이롭지 않게 하려고? 크크. 절대 아니야. 그건 너희가 신을 몰라서 하는 말이야.

신은 인간을 너무나 사랑해. 삼라만상 그 어떤 존재보다 인간을 가장 사랑한다고! 그러니까 사랑하기 때문에 인간에게 시련을 준다는 통속적인 생각은 이제 그만하고, 인간에게 주어진 신의 가장 세밀한 사랑, 본능을 제대로 느낄 때야!

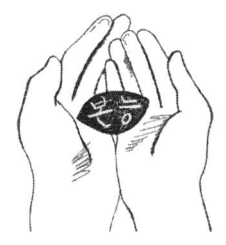

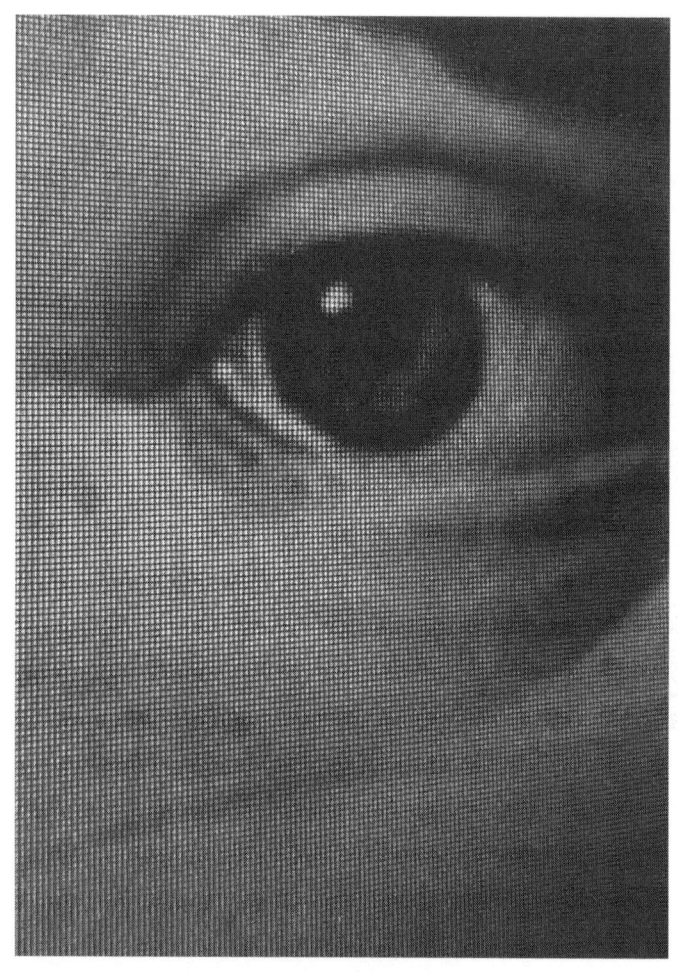

받아들이지 못하는 본능

본다, 듣는다, 만진다, 느낀다는 표현으로는 부족하다. 영혼은 육체가 존재하는 차원, 즉 3차원에 존재하지 않는다. 그 때문에 내가 어디에 있든 시공간과 상관없이 상대의 영혼을 읽을 수 있다. 심지어 그 영혼이 몇백 년 전에 죽은 사람의 영혼이어도 가능하다. 그리고 현상에 보이는 요소, 그 어느 것이든 살아있는 것에 대해 보이는 것 너머의 보이지 않는 것들을 읽을 수 있다.

차원이란 과거와 미래를 오가는 공상과학적인 요소만을 뜻하지 않는다. 선으로 이루어진 1차원, 면으로 이루어진 2차원을 넘어, 입체적 공간에 놓인 우리는 3차원에 있다. 영화 〈인터스텔라〉처럼 우리 몸이 4, 5차원에 갈 수 있는 기술이 개발될 수도 있겠지만, 이미 우리의 영혼은 4차원 이상의 차원을 향해 나아가고 있다.

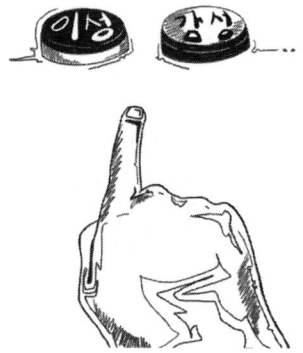

세 번째 대화
3가지 선택권

"이게 도대체 무슨 말이야!
모두 뭔가를 하고 있잖아!
가만히 있는 것도 가만히 있음을 선택한 거라고!"

세 번째 대화 ——— **3가지 선택권**

○

사람에게는 3가지 선택권이 있어.

첫 번째, 선택하는 것
두 번째, 선택하지 않는 것
세 번째, 아무것도 하지 않는 것

중요한 건 세 번째야. 아무것도 하지 않는다는 말을 기억해야 해.

인간들은 무언가를 선택해야 한다는 강박에 빠져있어. 사실 인생이 선택의 연속이라고 하지만, 그 선택을 바라보는 차원에서는 어떤 선택을 하느냐를 넘어서 선택하지 않는 것도 선택이거든. 그러니까 둘 중 하나를 선택하라는데 나는 **선택하지 않겠습니다!**라고 말하면서 이게 멋있는 줄 알고 으쓱하진 않았으면 좋겠어. 크크크.

 선택하는 것과 선택하지 않는 것, 그리고 아무것도 하지 않는 것? 선택하지 않는 것과 아무것도 하지 않는 것의 차이가 도대체 뭐야? 너무 어려워!

어렵다고 느낄 수밖에 없지. 아무것도 하지 않는 것을 경험해 본 적이 없으니까. 하지만 어렵다고 느끼는 것도 네가 어렵기를 선택한 것일 뿐이야. 그렇다고 지금 다시 어렵지 않을 것을 선택하더라도 이미 어렵게 느껴지는 것을 바꿀 수는 없지.

아무것도 하지 않는다는 것은 어려운 것도, 어렵지 않은 것도 아닌, 그 어떤 관념도 없이 그것을 **바라보는 것**이야. 바라본다는 의미는 그 어떤 개입도 하지 않는 것과 같아. 하지만 방관은 아니지. 선택하지 않는 쪽까지도 정하지 않는 것이 **아무것도 하지 않는 것**이지.

선택도, 선택하지 않는 것도, 결국 그 어떤 결정도 없는 그 자체를 바로 **아무것도 하지 않는 것**이라고 해. 하지만 이조차도 또 다른 차원에서의 **선택**이야. 이 말은 조금 이해하겠지?

  굉장히 오묘하다. 꼭 사기꾼한테 홀려 넘어가는 것 같아. 아무튼 이해했어요. 아니, 이해했어! 나도 모르게 존댓말을 했네. 흠흠!

오늘은 기분이 좋은가? 꽤 웃기려고 하네? 크크. 점점 더 행복을 만끽해봐. 그래, 그렇게 할 말을 하면 되는 거지. 잘했어! 반말이든 존댓말이든 그건 우리 사이에 중요하지 않아. 자아 너의 자존심일 뿐이지. 자, 다시 본론으로 돌아가자.

너 말대로, 아무것도 하지 않는다는 말에는 굉장히 오묘한 뜻이 담겨있어. 어쩌면 오묘하다는 건 인간들의 단어 중에서 가장 호기심이 강한 단어인지도 모르겠어! 매일 "인생은 선택의 연속이다!"를 외치며 살아가는 인간들에게 **아무것도 하지 않는다**라는 말은 입꼬리를 씰룩거려도 될지 말지를 망설이는 데서 오는 오묘함을 주지. 크크.

하지만 사람들은 엄청난 착각에 갇혀 있어. 일을 하지 않는 것, 집에서 전화기를 꺼놓고 쉬는 것, 다 내려놓고 산에 들어가는 것을 모두 **아무것도 하지 않는 것**이라고 믿지.

이게 도대체 무슨 말이야! 모두 뭔가를 하고 있잖아! 가만히 있는 것도 가만히 있음을 선택한 거라고! 자는 것도, 누워있는 것도 그렇게 하기를 **선택**한 거잖아! 아무것도 하지 않은 적이 없어.

좀 더 쉽게 알려줘. 이건 인간에게 매우 어려운 개념이라고!

이제 알려주지. 아무것도 하지 않는다는 것은, 선택할 수 있는 모든 차원에서 잠시 사라지는 거야.

차원에서 사라진다고? 그게 가능한 거야? 차원 간의 이동은 있을 수 있다고 하더라도 차원 밖으로 벗어난다고? 차원 밖이라고 해서 차원이 아닐 수가 있나? 그러면 무차원이라고 불러야 하는 거야?

차원도 결국 공간이야. 공간 밖의 세상은 **무(無)**지. 공간은 순환과 흐름, 그에 대한 선택이 없으면 소용없어지는 존재거든.

차원의 이동, 탄생과 죽음, 빛과 어둠의 순환이 있기에 공간도 존재하는 것이지. 그래서 차원 밖은 공간이라 부를 수 없어.

차원 밖에 대해 알려줄 수 있는 것은 많지 않아. 그야말로 무 그 자체이니까. 하지만 이거 하나는 알려 줄 수 있어.

64조 개가 넘는, 숫자로 다 표현할 수 없는 무한대의 차원에도 **공간**이 있고, 또 하나 놀라운 사실은 그 공간 밖을 벗어난 **차원 밖**의 시선으로 보면, 지금 이 무한대의 차원조차 **차원 밖**에게는 단 한 차원의 개념이라는 것. 정말 놀랍지 않아?

   놀랍군요. 당신이 놀라워하는 게 더 놀랍긴 하지만.

말을 놨다가 안 놨다가 하네. 크크.

   으, 그렇네. 분명 너는 나이지만, 나와는 엄연히 다르기도 하니까. 이런 말을 들으면 나와는 완전 '다른 차원'에 있는 존재 같아서 나도 모르게 움츠러드나 봐. 하지만 우린 하나이기도 하다는 건 기억하고 있어. 영 어색하지만 말이야.

맞아. 사실 나라는 개념은 나이기를 선택한 것도, 선택하지 않

은 것도 아닌, **아무것도 하지 않는 것** 그 자체라는 걸 나는 이미 알고 있어. 앎이 곧 나이기도 하니까. 크크.

아무것도 하지 않는 것이 얼마나 어려운 일인지 알겠지? 너는 그것을 **선택해야** 할 때가 올 거야. 그저 바라보는 것에 대한 진리를 자아 너의 데이터에 체험시킬 때가 온다는 뜻이지. 아무것도 하지 않아야 할 때가 반드시 찾아올 거야. 그때 너는 선택하는 것도, 선택하지 않는 것도 아니지만, **아무것도 하지 않아도 하게 되는** 그런 상태가 될 거야. 그게 인간이 해야 할 진짜 선택이지.

흐르지 않아도 흐르는 존재

네 번째 대화
낙화

"시(詩): 문학의 한 장르,
자연이나 인생에 대하여 일어나는
감흥과 사상 따위를 함축적이고
운율적인 언어로 표현한 글."

네 번째 대화 ——— 낙화

○

아, 낙화하는 삶을 사는 그대여.
그대가 떨어지는 지점은 어디이며, 다다르는 순간은 언제인가.
그대는 떨어지고 있는 것인가, 어디론가 가고 있는 것인가.
그대의 낙화는 낙(落)인가, 승(昇)인가.
분명 아래로 가고 있지만
그 또한 중력에 의거한 몸을 가지고 있는
그대의 착각이 아니던가.
이쯤 되면 무엇이 현실이고 무엇이 환상인지
그대는 과연 구분할 수 있는가.

나의 시적 감각은 영혼의 감각에서 나온 건가? 아주 멋진 시야. 마음에 들어. 흠흠.

모든 시는 영혼에서 나오는 거라고. 감성에서 시가 나온다고 착각하는데, 그건 시라고 부를 수 없어.

그런데, 네가 말한 시는 무슨 뜻이야? 우리가 떨어지고 있다는 뜻? 인생이 원래 그런 건가…. 그렇다면 굉장히 절망적인데.

왜 절망적이라고 생각하는 거야? 그렇게 생각하고 있는 것은 그대의 현실인가, 환상인가? 크크.

아, 말장난하지 말고! 나는 이 시를 듣는 순간 매우 심각해졌단 말이야. 너도 알다시피 나는 매우 생각이 많아.

그럴 수 있지. 인간은 중력에 따르는 육체를 가지고 있기에 떨어지는 것에 대한 두려움을 가지고 있어. 3차원 공간에 갇힌 몸을 가진 인간의 숙명이기도 하지. 그리고 너처럼 영혼이 개화한 사람들이 넘어서야 할 숙명이기도 하고.

개화했다고? 오늘따라 시적인 표현을 많이 쓰네.

다시 말하지만, 영혼은 시인이야. 시(詩)를 사전에서 한 번 찾아봐. 선조들이 뭐라고 해석을 해놓았는지 말이야.

어디 보자… 잠시만. 아! 찾았다. '문학의 한 장르, 자연이나 인생에 대하여 일어나는 감흥과 사상 따위를 함축적이고 운율적인 언어로 표현한 글.' 이렇게 쓰여 있네.

사전이라는 것 자체가 한 단어에 대해 인간이 느낄 수 있는 것을 고스란히 설명해 놓은 아주 재미있는, 그야말로 **관념 사전**이지. **우리는 이렇게밖에 표현할 수 없어!** 를 보여주는. 하지만 그 관념 사전이 인간들에게는 새로운 관념을 만들기도, 기존의 관념을 깨주기도 하지.

자연이나 인생에 대하여라는 표현이 굉장히 재밌지 않아? 시라는 것은 자연이나 인생에 대하여 일어나는 감흥과 사상 따위를 표현한 거라고 정의해 놓은 사전의 설명 속에 선조들의 깨달음이 들어있어. 그 의미가 무엇이겠어? 시 자체가 자연과 인생에 대해서 도저히 구체적으로 표현할 수 없는 것들을 표현한다 이 말이야.

함축적이고 운율적인 언어로 표현한 글이라고 명명해 놓은 것도 인간이 가진 언어의 한계 때문이야. 그래서 영혼의 언어를 인간이 표현할 때는 함축적이고 운율적으로 느껴지는 것이지. 그러므로 영혼의 언어는 시(詩)인 거야.

 재밌다. 재밌어! 그리고 멋지다. 영혼으로 쓴 글을 주변 사람들에게 보여줄 때마다 이해하기 어렵다는 반응들이었거든. 이제야 이해가 가네. 나는 어떻게 하면 쉽게 풀어쓸까 고민하면서 '내가 너무 어렵게 쓰려고 하나?'라고 혼자 의심했거든.

물론 네게 그런 의도가 있었을 때도 있었지. 크크. 하지만 지금 자아, 네가 하는 말들은 모두 **나로부터 나와**. 즉 일부러 어렵게 하는 것이 아니라, 시는 순수한 표현 그 자체야. 다만 그 표현들이 함축적이고 운율적인 거지.

함축된 것을 풀어주면 안 되냐고 질문하지는 마. 크크. **함축**이라는 표현을 사용한 건 내가 아니라고. 내게는 함축적이지도, 운율적이지도 않아.

이해했어. 그럼, 낙화, 개화라고 말한 건 무슨 뜻이야?

사실, 낙화니 개화니 하는 건 중요하지 않아. 그건 내가 쓰는 단어는 아니니까. 크크. 그냥 **시인**을 따라 해 본 것뿐이지. 왜 낙화라고 하는지는 충분히 설명했잖아? 영혼이 개화했다는 건 내가 너와 하나가 되어 이렇게 대화를 나누는 그 자체임을 너는 이미 알고 있을 테고 말이야. 더 설명할 것은 없어.

그렇네. 그럼 시에 대해 더 말해줘.

좋아. 나 역시 인간의 언어로 말할 수밖에 없고, 너와의 대화 안에서는 한글로 표현할 수밖에 없어. 다만 각 나라의 수많은 언어 중에서도 한글은 굉장히 위대한 작품임이 분명해. 정음(正音)이라는 이름처럼 가장 온전한 소리 문자임은 물론이고, 한글이 가지고 있는 강력한 에너지의 파동이 있지. 문자에 새겨져 있는 에너지를 영혼 대 영혼으로 느끼는 굉장히 독특한 문자라고. 너는 그런 문자를 사용하는 선택받은 인간이고.
한글이 또 재밌는 건, 한글 이전에 사용했던 언어가 한자(漢字)라는 거지. 그래서 아직도 의미를 한자에서 찾는 것이 더 많아. 순수 한글로서 의미를 나타내는 단어는 그리 많지 않지.

그래서 의미를 찾을 때는 한자를 찾아보는 것이 좋아. 언어가 만들어진 유래를 보면 인간들이 그 단어에 대해 어떤 생각을 가지고 있었는지 알 수 있는 아주 좋은 표본이 되니까 말이야.

맞아. 나도 그렇게 생각해. 한글을 사용하는 것 자체가 가져다주는 자존감을 글을 쓰면 쓸수록, 말을 하면 할수록 항상 느껴. 그리고 한자 속에 숨은 의미 또한 놀라울 때가 많고.

그렇지? 이번에도 놀랄 준비하라고. 크크. 시편(詩篇)이라는 말 들어봤지? 성경의 구약성서에 나오는 하나의 장이기도 하지. 시편을 암송하고 시편을 달달 외우는 사람들이 많은 건 시편이 그만큼 영혼의 언어로서 인간에게 다가간다는 증거야. 너도 시간 나면 시편을 찾아서 읽어봐.

와, 그렇네. 시가 성경에도 쓰였어. 예수가 사람들에게 전파하는 언어 자체가 시였어!

그래. 그게 시야. 또 재밌는 사실은 시라는 한자야. 시(詩)라는 단어를 보면 말을 의미하는 言과 사찰을 의미하는 寺가 함께 붙어있지. 이는 스님들이 말로 불경을 외우는 것을 보고 만들었기 때문이지. 알다시피 한자는 상형문자라고 하잖아? 스님들이 불경을 외우는 것 또한 영혼의 언어였기에, 그 모양이 시(詩)라는 한자가 된 거야.

 정말 재밌어. 네가 아니었다면 내가 이런 사실을 알 수 있었을까? 자아로서 영혼 네가 왜 필요한지 새삼 깨닫는다. 영혼이 '개화'한 것이 참 다행이라는 생각이 들어.

그것도 맞지. 하지만 만약 영혼, 즉 내가 창, 너에게 개화하지 못했다 하더라도, 또다른 영혼이 개화해서 이 사실을 책, 또는 다양한 매체로 세상에 알렸을지도 모르지. 또 알아? 찾아보면 이미 이런 사실을 누군가 이야기했을 수도 있어. 그래서 모든 지식이라 말하는 **깨달음**은 내 소유가 아닌 거야. 그것이 진리지. 그 누구도 가질 수 없는.

영혼의 역할은 무언가를 소유하고 보여주는 것이 아니라, 신의 통달을 흘러가게 하는 것뿐이야. 하지만 사람들은 자신의 깨달음을 뽐내려 하지. 지식의 자존심, 위상의 자존심, 돈의 자존심보다 더 무서운 것이 영적 지식의 자존심이거든. 여기서 큰 탈이 나는 거야. 너 또한 마찬가지야. 이 사실을 알리는 것에 으쓱대지 말라고. 그냥 아는 것이고, 전하는 것뿐이야.

명심할게.

그래서 사람의 **인성**과 **지성**과 **영성**, 이 세 가지가 함께 성장해야 해.

인성이란 인품과 인격을 말하지. 품은 넓고 깊은 마음 씀씀이를 말하며, 격은 자신이 세우는 것이 아닌, 주변 사람들의 판단으로 세워지는 것을 말해. 만약 스스로 자신의 격을 세우려 한다면 그 격은 반드시 무너지게 되어 있어. 격은 절로 갖춰지는 것이지, 치장이나 위치로 세워지는 것이 아니야. 너도 스스로 격을 세우려 노력해본 적이 있으니 잘 알 것 아니야? 크크.

지성은 배움을 뜻해. 이 배움은 깨달음과는 달라. 태도라고나 할까? 그래서 지성은 어릴 때부터 갖춰지는 경우가 대부분이지. 환경적 영향이 매우 커. 아, 물론 인성 또한 환경적 영향이 크지만, 인성은 그보다 자신의 가치를 스스로 발견하면 다시 정립될 수 있는 여지가 있어.

하지만 지성은 실상 부모님으로부터 갖춰지는 것이 90퍼센트 이상이지. 네가 부모에게 감사해야 할 이유는 이 **지성**이라고. 또한 네 부모는 그런 환경을 만들어 주려고 노력했잖아? 너를 꽤 교양 있는 곳에서 교육했으니까. 크크. 다만 그 때문에 네 인성은 오랫동안 꼬여있는 고역을 겪긴 했지만 말이야.

  음, 아픈 곳을 찌르는군. 생각하기도 싫어. 내 인생에서 어찌할 수 없는 부분 중 하나였다고!

응. 맞아. 네가 어찌할 수 없었던 부분이지. 재밌는 건, 인간의 인성, 지성, 영성, 이 세 가지가 올바르게 성장하기 위해서는 인성과 지성 둘 중 하나는 꼬여있어야 해. 굉장히 심술 맞은 신의 훈련 프로그램이지. 크으. 일부러 심술 맞게 한 것이 아니라, 이렇게 해야 영성이 깨어나기 때문에 그렇게 프로그램이 되어버린 거야.

물론 부작용도 많긴 하지만, 그건 인간 개개인의 선택에 따라 삶을 흘러가게 하려는 신의, **넓은 차원에서의 배려**이기도 해. 인간들에게는 이 배려가 **고통**으로 느껴지기에, 그것이 신의 배려라는 것을 알아채는 데까지는 꽤 오랜 시간이 걸리거나 죽기 직전에 알아채긴 하지만 말이야.

낙화하는 개화

모든 사람의 의식이 똑같은 차원에 있는 것처럼 보이지만, 사실은 각자 다른 차원에 놓여 살아가고 있다. 이것이 인간이 공존해야 하는 숙명이다. 신은 인간의 구조를 복잡하지만 재미있게, 하지만 잔인할 정도로 매서운 훈련이 필요하게끔 만들어 놓았다.

차원이 높다는 것은 의식 수준이 높다는 뜻이고, 차원이 낮다는 것은 의식 수준이 낮다는 것을 뜻한다.

이런 말도 있지 않은가. "저 사람은, 차원이 달라!" 그냥 나온 말이 아니다. 우리는 이미 차원을 이동하고 있다. 4차원 이상의 이동이 영혼을 통해 가능하다는 사실을 인간은 잊어버리게 되었을 뿐이다.

다섯 번째 대화
무엇이 옳은가

"될 일은 애쓰지 않아도 결국 되는 것처럼,
피할 수 없는 일은 절대 피할 수 없어."

다섯 번째 대화 ─── 무엇이 옳은가

○

오늘도 어김없이 날 깨웠네.

나는 너를 깨운 적이 없어! 너는 더 자는 쪽을 선택할 수도 있었지. 안 그래도 어제 늦게 잤잖아? 게다가 열심히 일을 하고 네 할 일을 하느라 늦게 잤으니 늦잠을 자도 괜찮다고 생각하고 있었다고 하지만 넌 일어났어.

음, 맞아. 이럴 때면 너와 내가 진짜 하나라는 생각이 들어.

왜지?

나는 일어나려는 '생각'이 없었어. 하지만 일어나야 한다는 '의지'가 가득했고, 몸이 그것을 행했어. 자기 네가 의지를 낸 거 아니야?

몸이 그것을 행했어, 거기까지는 맞아. 하지만 내가 의지를 내진 않았어. 영혼에게는 의식은 있어도 의지는 없어. 의지는 순전히 네 몫이라고. 살고자 하는 의지, 변화하려는 의지, 일어나려는 의지, 나와 하나가 되려는 의지, 하물며 자해를 하는 데에도 의지가 필요하지.

영혼이 잠식당해서 자신이나 남을 해치려 하는 자들조차, 잠식한 다른 영들이 그들을 해하려는 의지를 내는 게 아니야. 영이 마음속에 생각과 감정을 투여하면, 자아 스스로 **죽어야겠다** 또는 **죽여야겠다**라는 의지를 내는 것이지. 악귀는 **약한 마음**과 **악한 마음**에 들어가는 법이야.

나 또한 마찬가지지. 나라는 영혼은 물론이고, 창 너에게는 옳음으로 향하는 마음, 온전한 나로서 살고 싶어 하는 마음이 있기에, 너는 일어날 생각이 없었다고 하지만 네게는 일찍 일어나고 싶다는 생각과 감정이 들어간 거야.

내가 느끼기에는 나는 분명 그 어떤 생각과 감정이 없는 상태에서 아침에 벌떡 일어났어. 이건 나의 데이터에 있지 않아. 꽤 혼란스럽다고!

우리는 선택에 대해 말한 적이 있어. 기억하지? 너는 선택을 한 거야. 너에게 **옳은** 선택을 한 거지.

누군가가 아침에 일어나는 것에 미라클 모닝이라는 말을 붙이고, 성공했다고 하니까 다들 따라하기 시작해. 그러면 자신도 성공을 할 줄 알고 말이야. 크크. 하지만 무언가를 해냈다는 뿌듯함과 자부심을 느낄 뿐, 실제 성공에 다다르는 사람은 거의 없어. 미라클 모닝을 주장하는 자가 아침에 일어났기 때문에 성공한 것이 아니라, 성공한 사람들 중에 아침에 일어나서 성공했다고 말하는 사람들이 많을 뿐이야. 약간의 확률을 더한 게임일 뿐이지. **개화할 확률** 말이야.

생각해 봐. 아침에는 몽롱하잖아. 게다가 우리가 만나 대화하는 새벽 5시는 더더욱 그렇지. 그 몽롱한 상태에서는 자아 너와 몸의 연결 강도가 흐물흐물해지지. 그러면 자연스레 나, 자기님이 드러나게 되는 거라고. 크크. 그러니까 아침에는 평소와는 다른 창조적인 일을 하게 되고, 사람들은 **아침이 중요하다는** 관념을 갖게 된 것뿐이지.

사실 우리의 만남은 이제 아침이 아니어도 크게 상관없어. 다만 내가 아침에 만나서 글을 쓰자고 **명령한** 이유는 한 글자라도 더, 너의 생각이 투여되지 않도록 하기 위해서야. 자아 네가 몸에 관여하는 가장 취약한 시간을 노리자는 거지. 크크.

뭔가 내가 방해가 되는 느낌이잖아! 쩝. 어쨌든 나는 나에게 칭찬을 해줘야겠어. 의지를 낸 건 나, 자아의 몫이라니 말이야. 음, 말하고 보니 칭찬을 해준다는 말도 뭔가 이상하네. 뭐지? 이상하게 느껴지는 이유가 뭘까?

스스로 칭찬을 해준다는 건, **격려와 같아.** 어르고 달래는 거지. 잘했으니까 앞으로도 쭉 잘하라는 다스림이지. 그런데 지금 너의 상태는 마치, 그냥 목이 말라서 물을 마셨는데, 엄마가 너에게 아이고, 잘했네! 물도 마시다니, 정말 잘했다!라고 칭찬해주는 것과 같아. 너는 그저 목이 말라서 물을 마신 것뿐인데 말이야!

너는 참 자신에게 가장 좋은 것을 선택했고, 그것을 실행하려는 의지를 내었고, 그 의지는 거대한 우주 그 자체인 **몸**을 움직였지. 그만큼 의지가 강했던 거야. 그 의지는 단순히 그 어떤 것을 경험하자는 데서 나온 것이 아니라, 목이 말라서 물을 마시는 것처럼 네가 온전히 **나**로서 존재하려는 간절함과 명령을 수행하려는 마음의 깊은 수용에서 의지가 샘솟은 거야. 그러니까 그 의지가 강해질 수밖에.

세상에서 가장 커다란 의지가 나오는 과정을 지켜보면, 그야말로 생존이 걸려있을 때야. 그 때 사람들은 사느냐 죽느냐를 선택하지. 죽음을 선택한 자로부터는 어떠한 의지도 나오지 않아. 도리어 스스로 죽음을 선택할 수 없음을 알게 된 이후 더 크게 절망하고, 서서히 죽어가는 자신을 바라보며 신을 원망하지. 그에게는 그저 죽음에 대한 부작위적 선택이 있었을 뿐이야!

하지만 사는 것을 선택한 자에게는 의지가 생겨나. 그 의지는 그야말로 초인적인 힘을 발휘하지. 너는 항상 **초인**이 되고 싶어 했잖아? 사람들은 원래 초인의 능력을 타고 났지만, 그것을 사용할 열쇠, **의지**가 없을 뿐이야.

들다 보니 이런 생각이 들어. 기껏 의지를 내었는데도 죽는다면? 잘못된다면? 그럼 너무 억울하잖아! 신이 의지를 낸 자들에게 모두 기회를 주는 건 아니잖아.

그건 어떤 기준에서 말하는 거지? 그것이 그의 **수명**이라면, 정해진 **숙명**이라면 그것을 피할 수는 없어. 다만 신은 인간에게 **명령**을 움직일 수 있는 **운명**이라는 것을 주었지.

게다가 의지 자체가 인간이 가진 가장 멋진 프로그램이라고! 의지는 **명령**을 바꿀 수 있는 기회를 맞이할 수 있는 열쇠이기 때문이야. 다만 신은 인간에게 **자유 의지**로 기회를 맡겨놨지. 매번 다 이끌어주면 인간은 사는 재미를 잃게 되고, 감사함을 잃게 되면서 삶에 대한 애착이 없어지기 때문이야. 실제로 모든 사람을 이끌어 줄 수 없기도 하고 말이야. 크크.

의지를 내었음에도 죽음을 맞이하거나, 원하는 것이 이루어지지 않는 것에는 딱 두 가지 이유밖에 없어. 죽음을 피하려고 했거나, 원하는 것을 정해놓았거나.

될 일은 애쓰지 않아도 결국 되는 것처럼, 피할 수 없는 일은 절대 피할 수 없어. 그리고 인간 스스로 정해놓은 목표가 이뤄지지 않았다고 해서 내었던 의지가 소용없다고 여긴다면, 그건 신이 가장 한심하게 여기는 일일거야. 때로는 **의지를 내는 것** 자체가 신이 삶을 부여하는 목적이었을지도 모른다고!

    듣고 보니 그렇네. 너와 대화하다 보면 얼굴이 화끈거릴 때가 많아. 부끄러워서, 혹은 발끈해서 말이야. 지금은 굉장히 부끄럽다.

부끄러워하는 건 네 자유지만, 크크. 부끄러워 할 필요는 없어. 반성이 부끄럽다고 여기는 것도, 자신이 **그렇다**라고 생각했던 것을 그렇지 않다 혹은 그렇지도, 그렇지 않지도 않다라고 받아들이는 것도, 너의 선택이자 의지이니까.

오히려 너를 칭찬해줘야 할 일이라고! 목이 마르다며 물을 마시는 너를 보는 엄마의 마음이 어떨 것 같아? 네가 자신을 스스로 챙기는 모습이 너무 사랑스러워서 칭찬을 해주실 수도 있잖아?

맞아. 엄마 입장에서는 그럴 것 같아. 나도 우리 딸이 목마른 걸 참는 것보다, 스스로 냉장고 문을 열고 게다가 컵에 물을 따라서 너무 급하지 않게, 차분히 물을 마시고 있다면 너무 예뻐서 당장 달려가 뽀뽀를 해주고 싶을 것 같아. 물론 딸은 어리둥절하겠지만 말이야.

그래 맞아. 그렇게 하나씩 깊이 들어가다 보면, 결국 사람은 사는 것 그 자체로 칭찬받아 마땅하다니까! 만약 내가 몸이라는 감각을 모두 느끼면서 살아가야 하고, 겨우 몇 년, 몇십 년의 수명을 가지고 살아간다면, 으, 생각만 해도 끔찍하다고.

몸이 사라지고 나서, 즉 죽음을 맞이한 이후에는 너라는 자아가 육체와 함께 소멸돼. 하지만 나로서 남지. 나는 너로서 내가 되었으니까. 그래서 소멸이 아닌 영원이라고 표현하는 게 더 맞는 말이야. 사실 신이 만든 우주의 세계에서 **영원**은 당연한 현상이라서 굳이 쓰지 않고 **소멸**이라는 단어를 사용하긴 하지만, 지금 너에게는 영원이라는 단어가 맞지. 소멸은 즉, 영원이라는 걸 잊지 말고, 살아있는 동안 진짜 재미있게 지내보자고. 알겠지?

응! 더 즐겁게 행복하게! 하루하루, 순간들을 소중히 여기며 살아야 할 이유가 더욱 분명해지는 것 같아. 고마워. 네가 함께 해주니 든든하다!

내가 너와 함께하는 것조차 **창의 선택**이지. 엄밀히 말하자면 나는 언제나 같은 자리에 존재하는 존재이지만, 자아가 자기의 존재를 인지하고, 받아들이고, 존재로서 합치된 삶을 살아가고, 이렇게 **존재 의식**으로서 글을 쓰는 것 모두가 너의 선택이자, 의지로 인한 과정이야.

너에게는 무수히 많은 차원의 미래가 있었지만, 너는 존재 의식의 발현이라는 미래를 선택했고, 그 차원을 확장하며, 결국 내게 다다랐어. 나는 무척이나 반갑고, 대견해. 그래서 우리가 함께 할 수 있는 것이니까. 지금 졸려서 죽을 것 같지만, 일어나고 싶어서 미칠 것 같지만, 끝까지 자리에 앉아서 정신을 차리고, 몇 시간 동안이나 내게서 흘러나오는 글을 쓰고 있을 수 있는 이유는, 자아인 네가 몸을 통제하지 않고, 내게 내어준 너의 선택이자 의지 덕분이야. 지금 흘러나오는 글을 봐봐. 너는 정말 대단한 일을 하고 있는 거라고.

내가 대단하다고 말하는 이유는, 단순히 너를 **칭찬**하기 위한 말이 아니야. 너는 너에게 주어진 사명을 다하고 있어. 신이 더 많은 일을 맡길 수 있도록 너를 단련하고 확장하고, 결국 나와 하나가 되어가는 과정 속으로 자신을 내어줬다고. 물론, 이 모든 과정은 우리가 창으로 태어날 때 정해진 프로그램이지. 크크.

지금 이런 선택과 의지가 너에게 어떤 결과를 가져다주는지, 너는 매일 느끼고 있잖아? 이건 돈이나 명예 따위로 갈음할 수 있는 것이 아니지. 신이 **사용**할 수 있는 **나**로서 살아간다는 건, 때론 꽤 고통스러운 일이지만 결국 인간으로 태어난 이유에 100% 부합하는 거야. 그렇다고 해서 너의 인간적 삶을 크게 건드리지도 않잖아? 크크. 너는 부여받은 이번 생의 **인간**을 누리면서 **영원**을 깨우치는 거야. 그것이 인간적 관념으로나, 영혼 입장에서나, 정말 잘 살아가는 방법이지.

… 쿨 …

자는 거야? 크크. 재밌군. 몸은 자고 있지 않지만 자아는 잠들다! 너는 정말 재미있는 경험을 많이 하고 있어. 자아로서 네가 느낄 수 있는 경험을 다 하는 거야. 그럼 이만 보내줄게. 어서 자고 내일 보자고! 크크크.

무엇이 옳은가

울음은 무엇인가

여섯 번째 대화
성향이란 무엇인가

"누군가가 너를 속인다고 생각해 봐.
얼마나 화가 나는 일이야?
그런데 네가 너 자신을 속인다는 게 말이 돼?"

여섯 번째 대화 ──── **성향이란 무엇인가**

○

오늘은 영 어두워 보이네? 크크.

　나는 어제 소중한 동료를 한 명 잃었어. 오랫동안 함께한 사람이었는데, 결국 헤어졌어. 마음이 너무 아파. 그 때문에 내 몸도 굉장히 아팠다고.

그녀가 동료가 맞아? 크크.

　그럼! 당연하지. 미래를 함께 만들어 나갈 사람이었어.

어리숙하긴. 빙빙 돌려 말해봐야 나를 속일 순 없어. 동료, 미래를 함께 만들어 나갈 사람, 오랫동안 함께, 이런 단어나 문장들이 가장 큰 문제가 되는 이유는 네 본심을 그 단어와 문장 뒤에 숨겼다는 거야.

내가 어리숙하다고? 내가 뭘 숨겼다는 거야?

너는 그녀와 연인 사이였잖아? 물론 너는 그렇게 생각하지 않았지만 말이야.

일부러 말하지 않은 건 아니야! 어쨌든 나는 그녀를 연인으로도 생각했어! 그건 네가 잘못 생각하는 거야.

넌 그녀를 동료라고 소개했어. 더 이상 나를 속이지마. 나는 네 옳음이야. 너처럼 어리숙하지 않다고. 크크.

….

그건 네가 **동료로서** 그녀를 잃기 싫어서 **연인의** 흉내를 냈었던 거라고. 너는 그녀와 지내면서 그녀의 좋은 점을 발견하려 노력했고, 그녀를 사랑할 구실을 찾느라 온 에너지를 다 쓰는 바람에, 함께 있을 때면 불면증이 걸리곤 했지. 그러면서 너는 그녀를 원망했어. 당연한 거 아냐? 그렇게 온갖 노력을 해도, **마음대로** 되지 않으니. 크크. 그걸 가지고 네 무의식은 그녀 탓을 했었지. 그녀 또한 너를 원망하게 만들었고 말이야.

그래, 맞아. 그랬어. 인정하기 싫지만, 나는 그게 사랑이라고 여겼어. 어리석다. 게다가, 모든 것을 알고 있는 너에게 이 사실을 숨기려 한 내가 너무 바보 같네.

그건 너의 성향이야. 어쩔 수 없어. 의도적으로 숨기려고 했다기보다는, 그 사실이 까발려지면 자신을 미워할 거라는 숨은 **무의식의 작동** 때문이지. 사실 그런 일은 일어나지 않는데 말이야! 게다가 너는 너 자신에게 솔직하지 않은 일을 했을 때는 더더욱 그 사실을 숨겨버리지.

하지만 1년 전을 생각해 봐! 크크. 아니 불과 1개월 전을 생각해 보라고! 내가 웃는 이유를 알겠지? 너는 엄청나게 바뀌었어. 사실 바뀐 게 아니라 무의식 자체가 옅어지고 있는 거야. 무의식, 잠재의식 따위를 둘 필요가 없는데도 불구하고, 인간은 그런 걸 쌓아두고 정말 힘들게 살아가지.

딱, 너의 의식! 몸의 의식! 그리고 나라는 의식! 그 세 가지가 삼위일체가 되어 하나의 의식! 그것만 있으면 끝인데, 뭐가 너~~~~~~무 많아. 그것 때문에 복잡하게 살게 되고, 속고 속이게 되지.

그런 것이 내 성향이라면, 나는 평생을 그렇게 살아야 할까? 생각만 해도 끔찍하다. 나는 그렇게 살고 싶지 않아. 무의식이 완전히 없어지면 내가 원하는 대로 살아가게 될까?

성향을 무슨 뜻으로 생각한 거야? 이전에도 말했지만, 스스로 판단하고 스스로 어림잡은 채로 질문하지 말라고 했지? 그 또한 솔직하지 않은 거야.

자, 잘 들어. 네 성향은 자신을 미워할 거라는 무의식이 아니라 **옳은 일**을 해야 하는 것이야. 네게 옳은 일이란? 네 자신을 속이지 않는 일. 네 자신을 속이지 않는 일이란? 누구에게든 드러나도 괜찮은 일. 누구에게든 괜찮은 일이란? 10명 중 9명이 나를 비난할 일이라고 해도, 내가 **옳다**라고 생각하면 괜찮은 일.

네 성향은 **옳은 것을 해야 한다야**. 성향(性向)이란 감정과 생각에 지배당하지 않은 살아있는 마음이, 가장 명료한 마음이 향하는 곳이야. 너에게는 그곳이 **옳은 길**인 거지. 사람마다 보이는 성향들이 조금 다를 수는 있어.

네 성향이 인간 세상을 살기에는 조금 피곤한 성향이긴 해. 크크. 너는 이 성향 때문에 거짓말을 많이 했고, 무의식에 네 본심을 꾸역꾸역 숨겨놓기도 했지. 그 때문에 스스로 고통에 빠트리기도 했고. 그래서 하나씩 하나씩 마치 고해성사 하듯 다 풀어냈잖아? 그렇게 너는 고통에서 해방되는 중이고.

 옳은 것을 해야 하는 성향 때문에 솔직하지 못한 삶을 살았다…. 옳은 길을 겁내는 내 마음이 나를 더욱 솔직하지 못하게 만들었다니. 그래. 알고 있었지만, 너를 통해 이렇게 들으니

더욱 받아들일 수밖에 없네.

절대 바꿀 수도, 바뀔 수도 없는 내 성향을.

바꿀 수 없지. 바뀔 수 없는지는 모르지만 말이야. 크크. 네게 그녀의 존재는 **고통**이었어. 하지만 네게 고통을 준 건 그녀가 아니야. 너는 그녀에게 네 마음을 숨겼고, 그게 고통이 된 거야. 누구도 원망할 것이 없어! 아무것도 속상할 것이 없고. 그녀와 함께 일을 하고, 거짓된 연인 관계로 살았던 것 모두, 다 네가 처음부터 **옳은** 길을 가지 않았기 때문이야. 네 성향에 어긋난 행동을 하고 있었던 거라고!

만약 네가 성향이 바깥으로 드러나는 행동을 최소한 지금처럼 실천할 수 있을 때 그녀를 만났다면 너는 그녀와 일하지도 않았을 테고, 연인 관계도 맺지 않았을 거야. 단지 그녀의 아주 **훌륭한 스승**이 되었겠지.

맞아. 그래서 내가 괴로웠구나. 모두 내 잘못이야. 내 잘못으로 인해 그녀의 인생에 주어진 길을 막은 것 같아.

어허. 네가 감히 그녀의 인생을 막고, 뚫어주고 하는 게 아니라니까. 그건 대단한 착각이야.

너와 그녀는 이렇게 될 운명이었어. 솔직하지 못한 네 잘못은 맞지만, 그 잘못은 네 **성향**에 맞게 행동하지 못한 네 선택 때문이었지.

그리고 네 잘못으로 인해 그녀의 인생을 망친 것이 아니라, 네 잘못은 잘못으로 끝나는 거야. 사람들의 잘못으로 인해 한 사람의 인생이 망쳐지는 일 따위는 절대 없어.

그건 위로가 되기보다, 이해가 잘 안 되는데? 그럼 음주 운전을 한 사람이 멀쩡히 지나가던 사람을 쳐서 사망케 했다면, 그건 음주 운전을 했던 사람이 지나가던 사람의 인생을 망친 것이 아니야?

응, 단연코 아니야. 굉장한 반발이 있을 수 있는 말이라는 건 알아. 왜냐하면 인간 세계에서는 보이는 인과 관계를 매우 중요시하기 때문이지.

하지만 실제로 한 사람과 한 사람의 운명과 수명의 인과 관계는 보이는 것과 달라. 음주 운전을 한 사람 때문에 그 사람이 죽은 것을 연결시켜서는 안된다는 뜻이야. 신이 만들어 놓은 수명과 운명의 얽힘이 꽤 복잡하기도 하지만, 때론 너무나 잔인하게 느껴질 것들이 많아.

그러나 인간의 눈과 귀, 감각과 생각의 범위에서 연결한 인과 관계는 그 관계 속에 있는 사람들을 더욱 커다란 고통으로 몰고 가지. 성향의 본질을 무시한 채 말이야.

 지금 느끼는 이 불편함도 성향 때문이겠지? 그래도 하나만 더 물어볼게. 그럼 죽은 사람은 죽은 사람의 수명이 있고, 음주 운전을 한 사람은 스스로의 성향을 무시한 잘못으로 인해 자신의 운명을 그곳으로 몰고 갔다, 이런 말인가?

그래. 수명은 거스를 수 없고, 운명은 스스로 만들어가는 거니까. 그렇다고 해서, 잘못이 없어지는 건 아니야. 다만 운명의 운전대를 쥐고 있는 모든 인간들 중에서 그 운명의 흐름과 맞아 떨어지는 곳에 수명을 다한 자를 놓아두는 것이지. 운명과 수명이 맞붙기도 하고, 운명과 운명이 맞붙기도 해. 왜 선조들이 수명受命의 뜻을 **명령을 받다**, **목숨을 받다**라는 뜻으로 썼을까 생각해 볼 필요가 있어.

아, 너무나 잔인하다. 인간의 입장에서는 너무나 잔인해.

사람 겉모습의 아름다움이 어떤 기준을 벗어난 모습을 할 때 추악해 보이는 것처럼, 인생의 흐름은 인간 입장에서는 매우 잔인하고 괴팍하지. 선과 악은 이런 방식으로 늘 합의점을 찾아.

그럼, 내 경우에는 운명과 운명이 맞붙은 건가?

그래, 맞아. 네가 이끌고 가는 운명과 그녀가 이끌고 가는 운명이 맞부딪힌 거지. 모든 결과가 자신의 선택이야. 너의 잘못으로 그녀의 운명이 바뀌진 않아. 그 또한 그녀가 이끌고 온 운명이야. 그녀의 잘못으로 인해 너를 망치는 일 또한 일어나지 않아. 의식적이든 무의식적이든 운명이 이끌고 가는 방향대로 또 다른 운명과 부딪히게 되니까.

그 안에서 네가 할 수 있는 것이 무엇이 있겠어? 네 **의식대로** 네 운명을 이끌고 갈 수 있어야 해. 그러기 위해 숨겨놓은 **무의식이** 네 운명을 이끌고 가는 일 따위는 없어야겠지? 그것이 바로 음주 운전과 같은 거야. 완전히 취해버려서 의식이 없는 네가 네 운명의 핸들을 잡고 있는, 그런 끔찍한 일이 일어나는 거지.

이제 이해했어. 내 의식이 명료해야 함은 물론이고, 무의식이 운명을 이끌고 가지 못하게 해야 한다…! 너무나, 너무나 중요한 말이야. 무의식이 운명을 이끌고 가지 못하기 위해서는 성향대로 사는 것이 가장 중요한 핵심이 되겠구나. 그렇지 않으면 나는 무언가를 계속 숨겨놓을 테고, 숨기는 장소가 필요할 테니, 무의식은 자연히 더 커지겠지.

나는 네가 이렇게 온전한 이해를 할 때 매우 기쁘다니까. 네 의식만 남아야 해. 그래야 어떤 방해도 없이 삼위일체가 일어날 수 있어. 굳이 새벽에 일어나지 않아도 되는 일이 일어날 수 있는 거지.

맞아. 어제 자기 전에 나는 알람을 맞춰놓지 않고, 만약 5시에 일어나게 되면 당신이 깨웠다는 걸 알고 책상에 앉겠다는 약속을 했어. 신기하게도, 어제는 새벽 2시가 넘을 때까지 깨어 있다가 제시간에 일어날 가능성은 없다고 생각하면서 잠이 들었는데, 정확히 새벽 4시 55분에 일어났어.

그래, 이런 것이 삼위일체의 과정이야. 알람 같은 건 필요 없지. 나는 항상 깨어있으니까 말이야.

몸은 자야 하고, 너도 몸의 의식과 더불어 잠과 비슷한 것을 필요로 하지. 하지만 나는 언제나 깨어있는 존재라고. 그러니까 잠재의식이라는 말을 붙이는 거야. 몸은 자고 있는데, 의식이 살아 움직이니까 말이야. 크크.

지금 시간이 정확히 5시 50분. 5분만 있으면 깨어난 지 1시간이 되는 때야. 너라는 자아가 나와 소통하고, 글을 남기고, 무의식은 사라지고, 모든 것을 배우고, 익히고, 체득하고, 네가 그녀에게 가졌던 불편한 마음의 근원이 무엇인지도 발견한 시간이야.

처음에는 4시간, 5시간 걸리던 대화가, 이제는 1시간이면 돼. 개화의 폭과 속도가 넓고 빨라진 거지. 이 시간이 네게 필요했기에 너는 의지를 낸 거야. 이 또한 네가 운명을 이끈 덕이지. 너의 성향대로 말이야.

뭔가 개운해졌어.

그럴 거야. 성향대로 산다는 것은 솔직한 것이고, 솔직하다는 건 무의식이 없다는 것이고, 무의식이 없다는 건, 네 의식만 또렷하게 남았다는 것이니까. 이보다 더 개운할 수는 없지. 그렇게 살면 돼.

이번 잘못을 기억하고, 그 잘못을 반성하고, 같은 잘못을 다시 저지르지 않도록 하는 것이 중요해. 다시 말하지만, 네 잘못은 그녀를 향한 게 아니야. 네 잘못은 네 운명의 운전대를 무의식이 함부로 조종하도록 놔둔 거야. 네가 가고자 하는 방향, 즉 네 고유한 성향대로 운명을 이끌어가지 못한 것이 네 잘못인 것이지.

자, 이런 것이 **반성**이야. 표면적 상황 자체에 시선을 두는 것이 아닌, 그 속에 있는 진실하고 근원적인 문제를 찾아서 이를 수정하는 것. 이것이 진짜 반성이지. 참다운 반성이 일어나야 다시 그 잘못이 반복되지 않거든. 반성한 네가 같은 잘못을 행할 확률은 극히 적어진 거야. 그리고 자아의식이 또렷해질수록 나로서의 의식 또한 또렷해지기 때문에, 앞으로 네가 살아가는 데 있어서 크게 문제를 일으킬 확률 또한 적어졌어.

그래도, 아예 없어졌다는 말은 하지 않네. 확률이 적어졌다는 말이 왠지 불안한데.

당연하지. 인간에게 완벽한 것은 아무것도 없어. 매 순간 선택을 해야 하는 기로에서, 잔재되어 있던 습관들이 튀어나오지 않을 수가 없지. 게다가 창, 너도 알다시피 인간들은 잘못이 반복되지 않아야 한다고 말했음에도, 또 다시 잘못을 반복하는 경우가 허다하잖아?
잘못의 원인을 제대로 반성하지 못하는 탓이 가장 크지만, 온전히 반성했다 해도 위험성은 분명 존재한다는 거지. 단 0.1%라도 있는 건 있는 거라고.

그걸 인지하고, 긴장의 끈을 늦추지 않고, 매 순간 정신을 똑바로 차리고 살아야겠지? 0.1%의 습과 무의식을 활용하는 것이 너의 몸을 탐내는 영들의 교묘한 작전이거든. 그것에 절대 넘어가지 않으리라는 법은 없다는 것을, 꼭 명심해.

응, 그럴게.

특히, **옳다**라고 생각하는 것이 **옳다**라고 판단해야 하는 것이라고 여기지는 마. 네가 무엇을 숨기고 있다면, 네 성향대로 가지 않는 것이라고 여기면 되는 거야. **행함**을 놓고 잘하고 있는지를 판단하지 말고, **성향대로 행하지 않음**을 판단의 지표로 여기면 되는 것이지.

또 하나! 숨긴다는 것이 꼭 누군가에게, 네 친구들에게, 가족들에게 일거수일투족을 다 드러내야 한다는 그런 이야기를 말하는 게 아니야. 어차피 그들은 너를 다 이해하지 못해. 지금 우리의 대화, 이런 **행함**만 봐도 이 새벽에 미친 짓을 하고 있는 것처럼 보이잖아! 크크. 마치 이중인격자 같기도 하고 말이야. 하다못해 너 스스로 의심을 했을 정도니까.

숨긴다의 의미는 너 자신에게 국한돼. 네가 불편한 마음을 가지고 있으면서 편한 척, 원하지 않으면서도 예의상 원하는 척, 하기 싫으면서도 어쩔 수 없이 하는 척, 모두 다 척이지만 네 말과 표정과 행동에는 **편안해, 원해, 괜찮아,** 하고 싶어가 나타나잖아. 이런 게 **숨기는** 거야. 척한다는 건 자신을 스스로 속이는 기망행위니까.

누군가가 너를 속인다고 생각해 봐. 얼마나 화가 나는 일이야? 그런데 네가 너 자신을 속인다는 게 말이 돼? 자, 오늘은 여기까지 이야기 나누자고. 몸을 쉬게 해줘야지. 이것 또한 네가 네 자신에게 솔직한 행위이기도 하니까.

옳지 않다고 생각하는 옳음

다시 말하지만, 차원은 넘나들 수 있다. 다만 낮은 단계의 차원에 있는 사람이 높은 단계에 있는 사람을 볼 수는 없다. 우리는 3차원에 현존하기에 서로를 '볼' 수는 있지만, 한 사람의 의식이 높은 차원에 존재할 때, 그것을 볼 수는 없다. 하지만 그 광활함은 가슴으로 느낄 수 있다. 의식이 낮은 사람이 의식이 높은 사람에게 끌리는 이유다. 의식이 높은 차원에 다다를수록 보이지 않던 것들이 보이고, 낮은 차원의 사람들을 속일 수도, 활용할 수도 있음을 알게 된다. 그래서 아이러니하게도 사기꾼들의 의식은(차원은) 높다. 의식적 차원의 상승과 인성, 지성의 조화가 함께 일어나야 하는 이유다.

일곱 번째 대화
따로 또 같이

"너 스스로 잘 일어나야 해!
나도 그러고 있으니까!"

일곱 번째 대화 —— 따로 또 같이

굿모닝!

안녕! 오늘 아침에도 나는 어김없이 일어났어.

잘했어. 하지만 나니까 칭찬해 주는 거란 걸 잊지 말라고! 크크. 일어나는 행위 자체가 힘들 수 있지만, 그건 단순히 지금까지 아침에 일어나는 행위를 하지 않았기 때문이지. 다른 이유는 없어. 어떤 행위가 힘들다고 느끼는 이유는 이전에 그 행위를 하지 않았기 때문이야.

간단하지? 젓가락질과 비슷해. 지금은 젓가락질을 하면서 힘들거나 어렵다고 생각하지도 않고, 아기 때처럼 젓가락질 잘한다고 칭찬받을 이유도 없잖아? 칭찬은 그 행위를 정말 잘했기 때문이 아니라, 응원과 용기를 주고받으며 어떤 행위를 유지하는 데에 도움을 받는 인간들의 마음 구조 때문에 생겨난 거야. 칭찬 많이 해 줄 테니, 우리 평생 이렇게 무언가 해보자고! 크크.

하긴, 그러네. 이렇게 10년을 한다고 하면 어느 순간 너무 당연해질 거고, 그땐 누군가 칭찬을 해줘도 아무 느낌이 없을 거야. 도리어 이상하게 느껴지겠지. 예전에는 힘들었지만, 이제는 당연해진 것들이 많아서 문득 현실에 이질감이 느껴질 때가 있는 것과 같네. 잠깐, 창문 좀 열고 올게.

드르륵.

아침에 떠오르는 일출과 아침을 깨우는 새소리, 이른 아침 출근하는 사람들의 자동차 소리가 모두 지금 이 시간에만 느낄 수 있는 행복 같아.

너는 그 풍경과 소리를 사랑하게 된 거야. 이 아침을 사랑하게 된 거지. 그래서 더 일어나게 되는 거고. 모든 게 똑같아. 사랑하게 되면, 더 가까이 가고, 함께하고 싶은 거야.

그렇구나! 이 모든 게 사랑의 감정이네.

자, 자! 이러다가 너무 감성에 빠져버리게 되면, 이 글을 완성할 수 없다고! 크크. 오늘의 본론으로 들어가 보자. 아까 너는 꿈을 꿨어. 내 메시지를 제목에 적었고 말이야. 네 꿈에는 두 사람이 나왔었지.

잠깐! 이건 내가 설명할게. 물론 나에 대해 모든 걸 알고 있는 너지만, 그래도 내가 설명하고 싶다고. 이러면 내가 필요가 없어지는 것 같잖아!

크크. 내 성격 급한 거 알잖아. 그래, 네가 설명해 봐.

어젯밤 꿈에서 두 여자를 봤어. 얼굴도 생생하고, 여전히 기억이 날 정도야. 특별하게 어떤 행동을 하는 건 없었는데, 나는 그들을 봤고, 그들은 나를 봤는지 확실하지 않아. 다만, 그들과 내가 모르는 사이였던 건 분명해.

한 여자는 20대 후반에서 30대 초반으로 보였고 갈색으로 염색을 한 긴 생머리, 마스크를 쓰고 있었어. 아주 표정이 밝진 않았지만, 뭐랄까, 청량한 기운이 느껴졌어. 또 다른 한 여자는 40대 후반에서 50대 초반 정도로 보였고 선글라스를 쓰고, 검정색 짧은 파마 머리에 등산복 같은 걸 입고 있었어. 이 사람의 표정이나 인상은 그리 좋지 않았어.

꿈은 그게 다야. 다만 꿈을 꾸고 난 후, 이 꿈에 대해 당신과 이야기를 나눠야 한다는 생각이 강하게 들었고, 이 꿈을 설명하는 거야. 어때. 내가 설명하는 게 훨씬 낫지?

**하여간, 잘 삐진다니까. 크크. 그래, 설명을 잘 해줬어. 칭찬은 고래를 춤추게 하지. 실제로도 누군가에게 무언가를 묘사하고 설명할 때는 창, 너의 역할이 매우 중요해. 앞으로는 내가 네 역할을 뺏지 않을 테니 그만 기분 풀라고. 크크.
자, 여기서 질문을 하나 하지. 네 꿈에 나온 두 여인의 공통점**

은 무엇일까? 그리고 네가 본 그 여인들은 네 기억의 잔재일까, 허상일까?

　글쎄. 내 기억에는 없는 처음 본 사람들이고, 공통점 같은 건 찾아보기 힘들었어. 확실하지는 않지만, 아시아인이라는 점? 둘 다 한국 사람처럼 보이기도 했어. 내가 지나가다가 본 사람들일 가능성도 있을 거야. 완전한 허구를 꿈에서 그렇게 생생히 묘사할 것 같진 않아.

　맞아. 허구는 아니지. 네가 본 사람들은 실제 존재하는 것이 맞아. 그리고 그들이 한국 사람인 것도 맞아. 하지만 그들의 공통점은 이뿐만이 아니야. 그들은 같은 사람이야. 한 사람이라고.

　뭐? 완전히 다르게 생겼는데? 똑똑히 기억해. 완전히 다른 사람이었다니까? 물론 선글라스를 끼고 있어서 눈을 보진 못했지만 분명 나이 차이, 헤어스타일 차이가 극명했다고! 게다가 나이가 더 들어 보이는 그 여자는 키도 젊은 여자에 비해 훨씬 작아 보였어.

자, 이걸 짚고 넘어가자고. 네가 꿈에서 보는 것들은 현실, 즉 3차원에서 네가 보는 것과는 완전히 달라. 너는 차원의 이동을 통해서 네 기억의 잔재들의 다른 차원들을 보는 거야. 네가 특별한 능력을 가졌다는 게 아니고, 모든 인간이 가지고 있는 능력이야.

다만 이 능력을 단순히 허구라고 생각해서 정말 중요한 기회나 경고들을 놓치는 경우가 많은 거야. 모든 꿈에 의미를 부여하라는 뜻이 아니야. 지금 네가 본 여자도 네게는 특별한 의미가 없어. 다만, 꿈을 통해 그녀의 미래 차원을 보고 온 거라는 점을 인지하면 돼.

 그러니까… 내가 과거에 지나가다가 본 한 여자를 꿈에서 만났고, 그 여자의 다른 차원으로 이동해서 그녀의 수많은 미래 중 하나를 보고 온 것이다, 이거야?

그래, 맞아. 사람들은 엄청나게 많은 차원과 연결되어 있고, 그것을 **미래**라고 부르지. 그 차원에는 과거도 있지만, 과거의 차원은 유동성이 없이 한 줄로 엮여져 버리지. 이미 일어난 일이기 때문에 하나의 공간, 차원에 갇혀버리는 거야. 하지만 아직 다가오지 않은 인간들의 미래는 엄청나게 많은 차원으로 연결되어 있고, 어디든 갈 수 있도록 열려있어.

아, 무수히 많지만 무제한은 아니야. 왜냐하면 네가 지금 이 순간 행하는 어떤 **행위** 하나로 인해서 다음 차원과 연결되는 경우의 수가 한정되어 버리거든. 그래서 지금 이 순간의 선택과 행동이 굉장히 중요한 것이지.

그 선택과 행동에는 신체적 행위는 물론이고, 생각과 감정의 흐름을 수용하지 못하고, 그 생각과 감정에 빠져 계획과 걱정을 끌어당기는 상상 또한 포함돼. 뭐, 인간들이 굉장히 좋다고 생각하는 상상도 때로는 독이 되고, 굉장히 나쁘다고 생각하는 상상도 때로는 득이 되기도 하지만 말이야.

그것이 인간이 가진 최고의 능력, 생각을 형상으로 만드는 힘, 상상력(想像力)이겠구나. 상상력에는 옳고 그름도 없고 선과 악이 없다는 말은 어찌 보면 굉장히 무서운 말이야. 그렇지?

맞아. 힘을 가진 자의 자유 의지에 따라 방향성과 모양이 모두 달라지기 때문이지.

그럼 여기서 질문, 나는 그 여자의 차원을 왜 본 거야? 그리고 그 수많은 차원 중에 어떤 한 모습을 보고 온 이유는 뭘까?

그냥 본 거야! 왜는 없어. 모든 것에는 이유가 있지만, 네 꿈에서 본 그녀의 차원은 글쎄, 나도 명확히는 알 수 없지만 누군가 바라봐 주길 바라는 영혼의 간절한 외침이었는지도 모르지.

네가 본 그녀는 그녀가 원하는 대로 살고 있지는 않아. 처음 보았던 긴 생머리의 모습과 연결된 차원의 미래 속에서 본 중년 여성의 모습이 달라 보이는 것처럼, 단순히 나이가 다른 것을 넘어서서 그녀가 원하는 대로의 모습이 아닌 것은 확실하지. 하지만 그 또한 그녀의 선택인 거야.
정말 많은 사람이 그렇게 살고 있잖아? 우리의 대화를 위한 하나의 사례를 보여준 것인지도 모르지. 그것만으로도 이 꿈은 충분한 의미가 있으니까 말이야.

'내가 선택한 대로 인생이 바뀐다'라는 말의 의미가 유난히 깊이 다가온다. 내가 지금 이 순간에서 의식을 떼지 않아야 하는 이유 같아. 순간의 선택이, 나의 흐름대로 가야 할 차원이 아닌, 완전히 다른 차원과 연결될 수 있음을 항상 기억하면서 생각하고 행동해야겠어!

쉽지 않은 일이지. 그래서 신은 인간에게 흐름이라는 것을 부여했어. 흐름은 삶의 안내자와 같아. 너무 많은 차원 속에서 헤매지 말라고 가이드를 하나 붙여준 것과 같지. **이걸 따라오너라!** 이런 식으로 말이야. 크크.

하지만 인간들은 그 흐름을 무시하지. 왜냐하면 인간들이 생각하는 **좋은** 방향이 그 흐름의 방향과는 판이하게 다를 때가 많거든. 신의 명령을 완전히 받아들인다는 것은 딱 죽지 않을 만큼 훈련하고 올림픽, 월드컵을 나가는 것과 비슷하기 때문이야. 두려울 수밖에.

올림픽이나 월드컵 출전을 앞둔 선수들이 4년 동안 다양한 두려움과 고통을 참을 수 있는 이유는 **4년만 참으면 돼!**라는 생각 때문이 아니라, 스스로 바라는 나의 모습이 명확하기 때문이지. 목표가 분명하다면 목적은 절로 생기기 마련이야. 그 목적이 매일 묵묵히 자신의 할 일을 하게 하는 동기를 부여하는 것이고.

사실 인간들은 누군가의 지도나 칭찬, 가르침으로 인해 움직이는 게 아니야. 그저 각자의 지식과 감정, 조언의 범위 안에서만 서로 협력할 뿐이야. 협력의 목적 자체가 내가 너 도와주니까 나한테 고마워해야 해!가 아니라, 너 스스로 잘 일어나야 해! 나도 그러고 있으니까!이기 때문이지.

흐름을 읽고 그 방향대로 간다는 건, 인간들에게 너무 어려운 일이야. 하지만 내 경험에 따르면 미세하게라도 자신의 흐름을 누구나 느낄 수 있어. 다만, 그 흐름이 자신이 생각하는 방향과 다른 경우가 많아서 고민하고 망설이는 거잖아. 안 그래?

정확해. 흐름을 읽을 수 있는 사람이 되면 인생이 무지하게 쉬워져. 그건 너도 경험해봐서 알잖아? 될 일은 되게 하고, 내가 잘못 판단해서 행동한 것조차 다시 방향을 잡아준다고! 너는 그 경험으로 인해 흐름을 신뢰하게 된 거지.
흐름을 인생 안으로 더 허용하면 할수록, 흐름의 물살이 거세져서 창, 네가 **옳은** 방향으로 갈 수 있도록 완벽한 여행 가이드가 되어 줘. 인생의 여정을 아주 쉽게 갈 수 있는 거야. 고민할 필요도, 이유도 없다고!

옳은 방향도 마찬가지야. 옳음에 대해서는 지난 번에 설명했으니 더 깊게 하진 않겠어. 옳음에 가까이 다가가고, 옳음과 소통하고, 옳음과 하나가 되어 몸의 의식과 합치되는 삼위일체의 의식을 갖는 것이 인생을 가장 편안하게 사는 길이지. 그 **옳음**이 바로 나이기도 하고 **나**이기도 해.

　백번을 말해줘도 어려운 말이지만, 가슴으로 이해하려고 노력하고 있어. 그 옳음이 자기, 너이기도 하지만 자기와 자아인 나와 합쳐진 의식이기도 하다는 거잖아?

그렇지. 다만 **합쳐졌**다고 착각하면 안 돼. 진정 합쳐져야 하지. 합쳐지기 위해서는 의식의 중심을 가지되, 의식을 내어줄 수 있는 용기 또한 필요하지. 떨어트리고 빼앗기는 것이 아닌,

내어놓음 말이야.

그게 의식 간의 신뢰야. 너와 나, 몸의 의식은 완전한 내어놓음으로 서로 신뢰가 쌓여가는 중이지. 그래서 우리가 소통할 수 있고, 매 순간 흐름에 따라 네 삶이 흘러가는 거야. 솔직히 요즘만큼 몸과 마음이 편안했을 때가 있었어? 없었잖아. 크크.

   맞아. '될 일은 된다'의 기적을 매일 체험하고 있는 중이야. 그리고 사람들이 왜 종교에 심취하는지도 알겠다니까! 이것을 교리나 종교로 생각할 수 있는 범위가 너무 많아. 그렇게 했을 때 설명이 되는 것도 많고. 사실 종교는 이것에 대한 일부일 뿐인 건데!

종교적인 믿음을 가지고 이뤄지는 기적은 내어놓음이 아닌 **내놔라는 마음 또는 포기, 복종**에 의거해 경험하는 것들이야. 이렇게 되면, 흐름은 탈 수 있을지 몰라도 자아의 존재가 억눌리고 영혼은 결국 갈 곳을 잃게 되지.

매달리지 않으면 아무것도 되지 않는 삶을 살게 된다니, 이 얼마나 끔찍한 고통이겠어. 천국을 바라보며 지옥 속으로 자신을 끌고 가는 형국이지. 누군가의 지배를 받으면서, 누군가에게 매달리는 삶을 살면서 자신은 행복하다고 여기는 것이 바로 가스라이팅 아니겠어? 인간의 의존적 습성을 고스란히 보여주는 것이 종교의 폐해라고 할 수 있지.

자, 자, 여기서 오늘의 이야기는 마무리 짓자고. 오늘도 그 어떤 의존도 아닌, 합치된 의식으로, 하나가 되어 **나**로서 존재하는 하루를 살아보자고. **흐름**이라는 최고의 가이드와 함께 말이야.

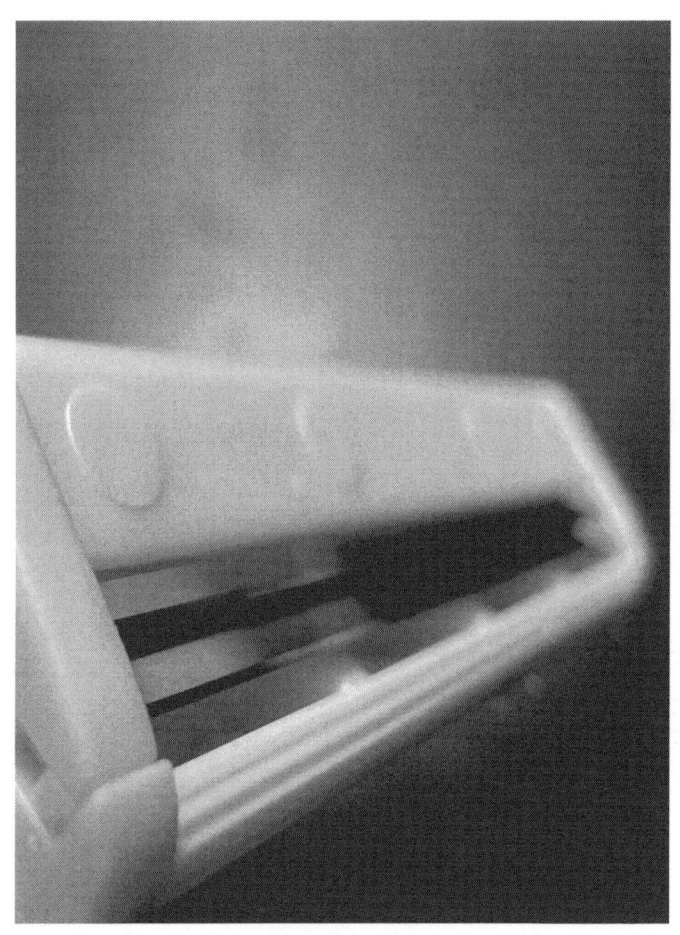

합체를 넘어 합치

여덟 번째 대화
21개의 잔

"자, 이제껏 배웠던 관념과 지식은 버리고 와. 텅 빈 상태에서 다시 들으라고."

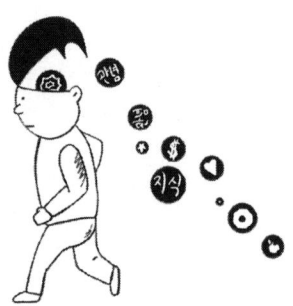

여덟 번째 대화 —— **21개의 잔**

O

창, 오랜만이네. 크크.

항상 같이 있으면서 뭐가 오랜만이라는 말이야.

글을 쓰는 게 오랜만이라는 말이지.

하루 안 썼잖아. 비꼬는 거야?

그럴 리가. 쓰든 쓰지 않든 그건 중요하지 않아. 우리가 소통하는 것이 중요하지. 소통이라는 단어를 쓰기가 조금 이상하긴 하지만.

여하튼, 너에게는 지금 우리의 대화를 글로 남기는 것이 중요하지만 나에게는 중요한 것까지는 아냐. 하지만 네게 중요하니, 내게도 중요한 것이 된 것이지.

　네게 중요하니, 내게도 중요한 것이 되었다…. 조금은 감동적인데?

이런. 크크크. 금세 풀어졌잖아? 원래 자아는 자기에게 사랑을 배우는 거야. 신이 프로그램을 그렇게 만들어 놨어. A/S도 필요 없을 만큼 완벽한 프로그램을 말이지. 그리고 인간은 자기에게 배운 사랑을 다른 인간들에게 실천하게 되어있어. 그것이 인간의 공통된 **옳은** 길이지.

하지만 인간들은 옳음과 사랑을 멋대로 해석해서 정해놓고, 그 **정해짐** 내에서 실천하고 실행하고 있어. 인간이 이렇게 복잡한 사고와 행동으로 각자의 기준을 만드는 데에는 다 그만한 이유가 있어. 그 이유를 오늘 설명해 주지.

복잡하지 않게 설명해 줘. 벌써부터 바짝 긴장이 된다고!

긴장할 필요 없어. 나만큼 단순 명료한 존재는 없으니까. 자 설명 들어간다. 크크.

너는 삼위일체라는 것을 배웠어. 3이 1이 되는 거지. 종교에서 말하는 삼위일체는 성부, 성자, 성령 혹은 하나님, 하나님의 아들 예수님, 성령 이렇게도 말하지. 하지만 이건 실체는 맞지만 실제는 틀렸어. 실제 하나님이라고 지칭할 수 있는 신은 단 하나의 신을 이야기하지만, **신**이라고 자칭하는 영들도 많고, 사람들이 **신**이라고 믿는 영들 또한 많아.

인간들이 하나님이라고 부르는 신은 삼위일체로 이야기할 수도 있지만, 사실 인간들이 이해할 수 있는 영역을 크게 벗어나 있어. 이건 언어로 설명하기 힘들뿐더러, 성부-성자-성령으로 설명되어서도 안 돼. 그 이상도 이하도 아닌, 완전히 다른 영역이지.

음, 어렴풋이는 알 것 같지만, 굳이 내가 알려고 할 필요도 없는 영역 같네. 맞지?

그래, 맞아. 인간 세상에서 사는 인간들이 알아야 할 영역과 침범할 수도, 할 필요도, 어차피 하지도 못하는 영역이 있지. 다만 내가 앞으로 말하려는 삼위일체는 우리가 알아야 할 영역에서 꼭 필요한 말이야.

인간들이 발견하지 못하는 성부의 영역은 자기, 성자의 영역은 자아, 성령의 영역은 몸이야.

다른 건 조금이나마 이해하겠는데, 성령이 몸이라고?

아니, 아니, 성령=몸이라는 말이 아니야. 나는 그저 성부, 성자, 성령을 예로 들었을 뿐이라고. 자, 이제껏 배웠던 관념과 지식은 버리고 와. 텅 빈 상태에서 다시 들으라고.

자기인 나와 자아인 나, 몸인 나, 이렇게 3이 1이 되는 것을 지금 우리가 겪고 있는 거야. 맞지?

응, 맞아. 관념이 진짜 무섭네. 마치 세뇌당해 있는 것 같아. 관념에서 벗어난 말을 들으니 나도 모르게 발끈하게 되었어.

맞아. 인간들은 성찰을 통해, 그리고 각성을 통해 누구나 이 사실을 알 수 있지만, 스스로 막는 거야. 어느새 완전히 막혀 버리는 거지.

자, 이야기를 계속하자면, 마침 방금 네가 발끈한 **현상**을 봐. 우리가 1이 되어 감에도 불구하고, 이렇게 관념이 끼어들고, 감정이 끼어들지. 신은 인간을 굉장히 단순하지만, 어렵고 복잡하게 만들어놨어. 그래서 인간의 삶은 매우 신비롭지만, 정작 그 삶을 살아가는 인간들은 사는 게 부대낀다고 느끼는 경우가 많아지는 거지.

한 가지 질문. 관념과 감정은 도대체 어디서 튀어나온 걸까? 우리가 1이 되었음에도 말이야.

맞아. 그 관념과 감정 때문에 괴로울 때가 너무 많아. 또 다시 자신을 탓하고, 내가 뭘 잘못했나 싶은 생각이 들 때가 너무 많았어. 지금도 물론 그렇고.

결론부터 말하자면 너는 잘못한 것이 없어. 자아 네가 모르는 무언가가 작동하고 있기 때문이지. 어젯밤 꿈에 나타났던 메시지를 기억하지?

메시지? 아, '21개의 잔'을 말하는 거야?

그래, 21개의 잔.

도대체, 그게 뭐야? 네가 보낸 거야? 그게 오늘 우리 대화의 주제와 연관이 있어서?

내가 보낸 건 아니야. 네가 알아야 하기에 나타난 것일 뿐이지. 연관이 없는 것은 절대 나타나지 않아. 연결점을 찾지 못할 뿐이지.

그럼, 앞에 말한 '삼위일체'와 연관이 있는거야?

반은 맞아. 21개의 잔은 3개의 무엇이 나뉜 거야. 이것을 잔이라고 표현한 이유는 3개의 자기, 자아, 몸과는 달리 매번 **담아내고** 있는 것들이기 때문이야. 비워질 때도 있지만, 항상 잔이 흘러넘치게 만들어 놓는 상태가 가장 좋아. 마치 잔에 술이 계속 부어지는 모양을 상상하면 돼.

1-1-1 로 시작되는 인간의 의식 구조는 3-3-3 으로 나눠져. 다시 9-9-3 으로 나눠지지. 그림을 만들어서 설명해줄게.

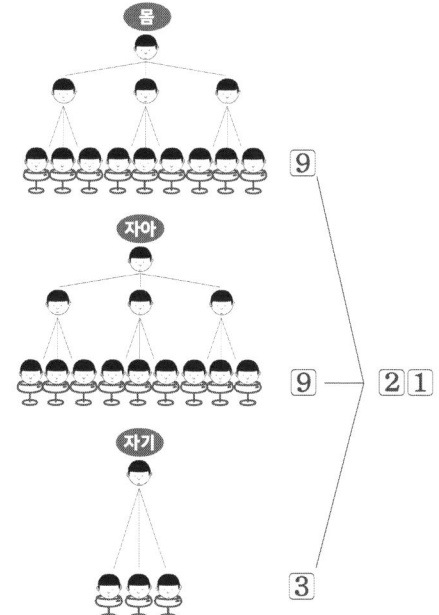

자, 그림을 보니 이해가 쉽지?

그러니까… 네 말은, 1-1-1로 이루어졌다고 생각한 몸-자아-자기, 세 구성이 끝이 아니라, 그 밑으로 다시 3-3-3으로 나눠지고, 몸과 자아는 또 다시 9-9로 나눠진다는 말이야?

그렇지. 이제 모든 잔을 하나씩 세어봐. 몇 개지?

1,2,3..21개야!

그래. 정확히 21개지. 21개의 잔이야. 굉장히 복잡해보이지만, 사실은 이 21개의 잔에 무엇을 따를 것인가, 무엇이 흐르게 할 것인가, 잔을 채운다기보다 잔을 거쳐 가고 있는 것들이 무엇인가를 명확히 알게 되면, 인간의 프로그램, 즉 인생이 굉장히 단순하다는 사실을 알게 될 거야.

휴, 머릿속이 엄청 복잡해져. 갑자기 너무 피곤해! 잠시 쉬어야겠어.

크크크. 그래 좀 쉬어. 관념이 깨지는 것만큼 피곤한 게 없지. 크크.

잠시 후…. 이제 좀 정신이 맑아지는 것 같아. 다시 시작해 줘.

잘 쉬었어? 크크. 자아는 정신의 영역이고, 자기는 영혼의 영역, 그리고 몸은 육체의 영역을 맡고 있으니, 그 어느 것 하나 피곤하거나 어긋나면 안 돼. **피곤하다**라는 생각이 몸의 의식인지, 정신의 의식인지가 중요한 게 아니야. 모든 21개의 잔이 하나로 균형을 맞춰야 하지.

3개의 잔에 균형을 맞추고 일치를 시키는 데까지 걸린 세월을 생각해봐. 21개의 잔을 발견하고 채우는 과정은 얼마나 힘든 여정이겠어? 하지만 결국 21개의 잔은 모두 균형을 맞춰서 일정하게 흐르게 될 거야. 물이 위에서 아래로 흐르듯, 3이 1이 되는 순간 모든 균형은 쉽게 맞출 수 있어.

21개의 잔이 무엇인지 지금 알아야 할까? 그걸 다 아는 것도 왠지 겁이 나는데. 아, 또 피곤해지려고 한다!

크크크. 굳이 지금 알 필요는 없어. 하지만 결국 알게 될 테지. 알아야 할 이유가 있어서 알게 되는 것이 아니니까. 알든 알지 못하든, 21개의 잔이 존재한다는 사실은 변함없으니까 말이야. 다만 그것을 알고 있다면, 그것이 어디에서 어떻게 작동하는지 알게 된다면, 이제 그것들을 관리하고 조절하며 균형을 맞추는 주체가 나로 되어 21이 1이 되는 결과가 발생해. 그 때 우리의 삶은 완벽한 조화와 균형을 이루게 되지. 너는 지금 그 과정을 잘 겪고 있어.

잘 겪고 있다니 다행이긴 한데… 21개의 잔에 대해 조금만, 아주 조금만 더 설명해 줘.

크크. 그렇게. 예를 들어 21개가 모두 **의식**이라는 걸 가지고 있다면 우리 안에서 21개의 의식이 서로 대화를 해야 할 거야. 만약 그렇게 만들어져 있다면 이건 뭐, 다중인격자도 아니고, 결국 정신의 주체인 자아가 분열이 되어버리고 말 거야.

실제로 다중인격은 다른 **의식**이 육체 안에 기거하면서 일어나는 현상이거든. 그 다른 의식을 **영** 또는 **귀**라고 사람들은 말하지. 하지만 자기라는 영혼과 자아라는 정신, 그리고 건강한 몸을 가진 사람에게는 다른 **의식**이 파고들 수 없어. 그럴만한 공간이 없거든. 말하자면, 공간이라는 잔은 있지만 그 잔이 자신의 의식으로 잔이 항상 차고 넘쳐흐르기에, 공간이 없는 것이지.

21개의 잔이라고 표현한 21개는 이미 네가 다 알고 있는 것들이야. 물론 생소한 것들도 있겠지만. 그중에는 감정, 생각이라고 불리는 것들도 있고, 인지, 관찰이라고 불리는 것들도 있지. 21개의 잔을 단어로 명확히 설명할 수는 없지만, 너는 이미 그것이 무엇인지 **알고** 있어.

알고 있는 이유는 이미 그것들에 빠져보거나, 그것들로 인해 문제가 발생했거나, 그것들이 일치가 되어 상황이 흘러가 본 경험을 했기 때문이야. 영혼의 영역에는 기억, 상상, 기운체, 차원 등이 있고, 정신의 영역에는 마음, 본능, 심안, 감정 등이 있으며, 몸의 영역에는 육체, 각성, 혈기, 기운, 행위 등이 있지. 이 단어들에 무지막지한 고정관념을 가지고 있는 인간들이 의식에 대해 각각 다르게 해석하고 있지만, 해석이야 어떻게 되든 존재는 변하지 않아.

또한 그것들을 의식이라고 말할 수는 있지만, **의식**이 있는 의식은 아니야. 몸 또한 의식체이긴 하지만, 대화나 소통의 영역에 있는 의식이 아니지. 그건 자기와 자아의 영역에서만 가능해. 그래서 우리가 소통하며 나머지 의식들을 바라볼 수 있는 거야. 자기의 영역과 자아의 영역이 어찌 보면 굉장히 중요한 시작점이라고 할 수 있지.

21개로 나눈 이유는 결국, 인간이 알아야 할 영역이 21개이기 때문이야. 즉 21개가 전부라고 할 수 없어. 그렇지만, 그 이상은 파고들 이유도, 파고들 필요도, 알 수도 없는 영역이야. 그저 우리는 자기로서의 의식과 자아로서의 의식의 소통을 통해, 전체 21개의 잔이 균형을 맞춰 인생의 흐름에 완벽히 올라타게 만드는 일을 하면 돼.

어쨌든 나는 21개의 잔을 가지고 다니는 거네.

맞아. 두 팔을 양옆으로 쫙 펴고, 21개의 잔을 팔에 쭉 얹어놓은 다음, 쏟아지는 빗속을 걷는 것과 같다고나 할까. 크크. 모든 잔이 팔에서 떨어지지 않게 의식을 고루 두어야 함은 물론, 모든 잔이 빗물을 받을 수 있도록 균형을 맞춰야 하지.

악! 생각만 해도 머리가 아프네.

하지만 걱정하지 마. 예를 들면 이런 것과 같아. 음, 그래, 이런 예시가 좋겠다. 평소 창, 네가 걷는 인도는 보통 1.5m 정도의 너비야. 걸을 때는 이 너비를 전혀 의식하지 못하고 있겠지. 그런데 그 길 양쪽에 낭떠러지가 있다고 생각해 봐. 오금이 저리겠지?

너비가 똑같은 길인데도 양쪽에 낭떠러지가 있다는 것만으로 좁디좁은 길로 인식되지. 낭떠러지에 있는 길 또한 일반적인 보폭과 발걸음, 속도 등을 고려해서 만들었는데, 어디에 놓여 있느냐에 따라 느껴지는 인식이 크게 달라진다는 거야. 그래서 밑이 까마득한 낭떠러지 사이의 길을 걸을 때는 주저앉거나 온갖 호들갑을 떨면서 걸어갈 테고.

크크. 의식의 확장이란 그런 것과 같아. 지금은 21개의 잔이 다소 불편하고, 부담스러워 보이겠지만, 3이 1이 된 자는 21개의 잔을 어깨에 모두 얹어놓고도 마음껏 뛰어다닐 수 있다는 거야. 낭떠러지 사이의 길과 도로 옆 인도가 사실 똑같다는 것을 알 수 있다는 거지. 그러니까 걱정하지 않아도 돼.

그 말인 즉, 결국 자기와 자아, 몸의 삼위일체가 일어났다는 것은 21개 각각의 일치 또한 일어나고 있다는 걸로 받아들여도 될까?

그렇게 받아들여도 돼. 결국 **자연**스럽게 보다 자세히, 세심하게 알게 되겠지만 말이야. 하지만 **자연**이라는 것이 아무런 노력 없이 얻어지지 않는다는 걸 알고 있다면 네가 앞으로 해야 할 것이 무엇인지 또렷하게 보일 거야.

자연과 자유는 피나는 노력과 용기, 명료한 선택과 즉각적인 행동 없이는 이루어질 수 없음을 명심해. 하늘에 보이는 저 구름도, 저 나무도, 그냥 생겨난 것들이 아니야.

산 넘어 산이군. 그래, 그래도 그 '자연'스러운 과정을 잘 헤쳐가야지 뭐, 어쩌겠어. 마지막 질문! 왜 자기, 너는 3개에서 더 나눠지지 않는 거야? 그러면 27개의 잔이 될 텐데 말이야. 그나마 줄어들어서 다행인 건가?

나 역시 신이 그렇게 만들어 놓은 것이니까 그 이유에 대해 명확히 설명할 수는 없어. 다만 이렇게 설명해 줄 수는 있지.

나는 영, 기운체, 1로 나뉘어져. 1은 신을 의미하기도 해. 그 1을 통해 신과 인간이 연결되는 것이지. 기운체란 영의 몸이라고 이해하면 빨라. 영의 몸이 강해질수록, 영도 강해지니까. 다만 영은 영 그 자체로는 인간이 될 수 없어. 영과 혼이 합쳐져 영혼이 되어야 하고, 나가 될 수 있는 것이 영혼이지. 그리고 영은 영원하지만, 혼은 육체를 떠나면 그것으로 모든 것이 종료야. 망설이지 않고 최선을 다해 이번 생을 누려야 하는 이유이기도 하지.

같으면서도 같지 않은

차원이 높아질수록, 의식이 깊어질수록, 우주 한복판에 떠있는 것과 같은 깊은 고요를 경험하는 것과 동시에, 한 번도 느껴보지 못한 공포심에 사로잡힌다. 고요란, 죽음의 공간에서 느낄 수 있는 것이라 더욱 그렇다. 의식의 차원이 상승될수록 차원의 공간은 무한대로 증가한다. 그 때문에 내가 위치한 차원에 누가 있는지도 알 수 없다. 매 차원마다 일생 동안 느껴보지 못한 외로움과 고독을 피부로 느끼게 된다. 무서워서 다시 되돌아가려고 해도, 이미 차원이 높아진 자는 아래 차원으로 돌아갈 수가 없다. 이미 확장된 차원은 다시 축소되지 않기 때문이다.

아홉 번째 대화
영혼과의 대화

"인간의 삶은 정말 무궁무진하면서도,
단순하면서도, 아주 재미있단 말이야."

아홉 번째 대화 ——— **영혼과의 대화**

o

항상 궁금한 게 있어. 왜 사람들은 자기, 너를 '영혼'이라고 부르는 걸까.

뭐라 부르든 그게 무슨 상관이 있어. 호칭은 중요하지 않아.

하지만 인간들이 어떤 단어를 발견하고 그것을 사용하는 데는 다 이유가 있지 않을까? 저번에 말했던 '시'처럼 말이야.

너는 정말 호기심이 많아. 좋을 때도 있지만 이럴 때는 조금

귀찮다고. 크크. 잠깐 음악을 끄고 이야기해 볼까? 오늘은 바깥에 있어서 너무 정신이 없다고!

껐어.

너는 영혼인 나를 느끼고 볼 수 있어. 그렇지?

맞아. 본다는 의미가 인간들의 '본다'는 의미와는 조금 다르긴 하지만 말이야.

그래, 맞아. 그리고 너는 다른 영의 존재도 느낄 수 있어. 이전에는 확신할 수 없었지만 말이야. 눈으로 볼 수 없고 느낌으로 느끼니까 당연한 일이었지. 하지만 이제는 확신할 수 있게 되었어. 그럼, 이 장소를 한 번 살펴봐. 여기 주변에는 영이 많아. 그렇지?

맞아. '영'이라 부를 수 있는 것들이 많네. 나는 영이 무엇인지, 영혼이 무엇인지 이미 알고 있구나!

그래, 맞아! 너는 알고 있지. 사실 영이 무엇이고, 혼이 무엇이며, 영혼은 무엇이냐 굳이 설명해야 한다면, 영은 나이고 혼은 너야. 영은 자기고 혼은 자아야. 영은 기운체이고, 혼은 자신(自身)이야. 영은 사랑이고, 혼은 마음이야. 영은 실체고 혼은 실재야. 영은 원함(want)이고 혼은 바람(hope)이야. 영은 무이며 혼은 공이야. 영은 시이며 혼은 현이야.

잠깐, 잠깐만! 너무 어려워! 조금만 천천히 생각할 시간을 줘. 다른 건 어렴풋이 알겠지만 '시'는 뭐지? '현'은 무엇이고?

진정해! 시(是)부터 알려줄게. 한자를 살펴봐. 날 일 밑에 **바를 정**이 있지? 사람들은 태양만큼 옳은 것은 없다고 생각해. 정확히 뜨고 지는 해의 속성 때문이지. 예를 들 때도 그렇잖아. 해가 서쪽에 뜰 일이다! 크크크. **태양은 언제나 떠오른다**라고 믿는 관념 속에서는 그렇지 않을 수 있다는 생각을 절대 하지 못해. 그럴 수도 있는 일이지만 말이야.

시(是)는 **옳음**이야. 그름과 비교한 옳음이 아닌, 진리의 옳음. 그름이 있기에 정해진 옳음은 인간대사이고, 나는 진리 자체의 옳음이야. 그래서 네가 나와 가까워질수록 정해진 옳음이 아닌 **옳음**을 추구하게 되지. 내가 무언가를 이끌고 가이드하는 게 아냐! 그저 네가 선택한 대로, 나와 일치에 가까워지면서 너의 삶은 옳음으로 이끌어지는 거지.

사색을 하다가 문득 답을 떠올릴 때가 있을거야. 창조의 생각, 아이디어라고 부르는 것들이 떠오르기도 하지. 그것이 모두 **옳음**에서 얻어진 생각이야. 옳음과의 접촉은 누구나 경험했지만, 그것이 그저 자아의 의식으로 이루어진 것이라고 밖에 여기지 못해. 그래서 그 다음 세상을 볼 수가 없지.

　멋지네. 뭔가 웅장해지는데? 그럼 '현'이란 무슨 뜻이야?

점점 군더더기가 없어지는군. 바로 다음 질문을 하다니. 뭔가 반박도 하고 그래야 재밌는데 말이야. 크크. 하긴 나랑 군더더기를 쌓을 이유가 없지. 잘했어. 그래도 나는 재미를 추구하니까 너무 딱딱하게 하진 말자고. 물론 네가 나를 재미있게 해줄 필요는 없지만 나는 너랑 함께 하는 이 자체가 즐거워.

현(現)은 네가 예상한 대로 현재야. 현재란 무엇이지? 현(現)에 존재(在)한다는 뜻이지. 너는 지금 여기, 이 곳, 이 시간에 존재해. 인간에게 3차원이라는 우주의 공간을 부여한 이유가 바로 현재에 실재하기 위해서지. 그래서 넌 실재야. 존재와는 조금 달라. 존재는 존재 자체로 존재가 되어야 하기 때문이야. 그 어느 차원에 있든. 그래서 나는 존재야.

그럼 영을 실체라고 한 이유는 뭐야?

실체이자 존재이지. 왜냐하면 존재가 너의 실체이니까. 그리고 **나**는 실체이니까. 너는 이 시간과 공간에 **실재**하고 있지만 존재이자 **실체**인 나를 만남으로서, 진정한 **나**로 **실제**하게 되는 거야.
실재한다고 해서 실제가 되는 건 아니야. 실재함이 실체를 만나 **실제** 존재하게 되는 것이지. 이것이 인간이 가야 할 프로그램이야. 아주 재밌지? 인간의 삶은 정말 무궁무진하면서도, 단순하면서도, 아주 재미있단 말이야. 그래서 많은 영들이 미련을 가지고 인간 세상을 떠나질 못하지.

떠나지 못하는 영들은 어떻게 되는 거야? 방금 이 공간의 영들을 느껴보니까, 작은 영들이 많이 느껴져. 뭔가 으스스해. 으, 소름이 돋아.

떠나지 못하는 영들을 천도해 주는 것이 너의 역할이기도 해. 자주 해줘. 그들이 원해서 가지 않은 것이긴 하지만, 이젠 이해할 수 있잖아? 그만큼 미련이 남는 거지.

떠나지 못하는 영들은 구천을 헤맨다고 하지? 다른 차원으로 가지 못하고 계속 헤매는 거야. 다른 차원으로 이동해야 하는 시점을 놓치고, 어느 한 차원에 갇혀버리는 거지. 영은 혼과 일체가 되지 않으면 당연히 **실재**의 3차원에서 실제로 존재하지 못하고, 결국 그 시간이 길어지면서 귀(鬼)가 되지.

귀는 사람을 굴복시키려고 해. 혼을 가져야 하니까. 귀의 수법은 간단해. 과거의 기억을 떠올리게 해서 후회의 감정을, 미래에 대한 생각을 떠올리게 해서 불안의 감정을 일으키는 거야. 그리고, 귀를 신처럼 여기게 만들었어. 귀가 신(神)이 아님에도 귀신(鬼神)이라고 불리는 이유지.

귀가 사람에게 끼치는 영향은 사실 엄청나지만, 하는 짓들은 아주 미비한 수준이야. 하지만 인간들의 가장 약한 부분이 무엇인지 귀는 알잖아? 왜냐하면 그들 또한 한 사람의 영혼이었으니까. 아는 놈이 더 무섭다니까.

귀가 되면서 **옳음**의 실체가 없어진 영은 인간에게는 매우 위험해. 때문에 혼이 단단히 바로 서야 하지. 바로 선 혼이 자신의 영과, 의식이 합치되어 영혼으로서 사는 자는 귀를 두려워할 이유가 없어. 귀(鬼)는 그저 귀여운(?) 벌레지. 크으. 때론 그 벌레에게 크게 쏘일 때가 있긴 하지만 말이야.

실체 – 실재 – 실제

열 번째 대화
극과 극

"그래서 관념을 깨는 건 끝이 없다는 거야.
결국 내가 나라는 것조차 소유이니까."

열 번째 대화   ——   극과 극

○

 오늘 꼭 나누고 싶은 이야기가 있어. 책을 쓰고 싶어 하는 사람들을 가르치면서 가장 힘들었던 것이 뭔지 떠올랐거든. 대부분 사람들은 무엇을 쓸지도 정하지 않은 상태에서 내게 찾아왔었어. 나는 상담을 하면서 그들이 무엇을 써야 할지를 정해줬었지. 돌이켜보면, 그게 정말 잘못되었던 과정 같아. 결국 나는 그들이 원하는 것을 발견하게 해주고, 그것을 드러내줬지만, 뭐랄까… 내가 발견한 그들의 '나'와 그들이 인식하는 '나'의 사이에는 항상 간극이 있었거든. 나는 그 차이를 줄여주지 못하는 것에 대한 자책과 그들에 대한 아쉬움이 가득했었어. 결국 내 오지랖이었지만 말이야.

무엇을 써야 하나 고민하기 전에 **내가 왜 이 글을 쓰고 있는가**를 고민해야 해. 그런데 그걸 고민하는 사람은 아무도 없지. 그냥, **쓰고 싶어!** 이 마음이 정신을 지배하고 있거든. 정신이 없어지는 거지. 사실 글을 쓰면서 **무엇을 쓸까?** 라고 고민하는 건 좀 이상하지 않아? 크크. **이걸 써야겠다!** 라고 정하고 와서 상담을 받는 것이 상식적이지. 하지만 왜 무작정 너에게 왔을까? 그 이유를 너도 알고 있잖아?

그건… 책을 쓰고 싶었던 거지. '어떤' 책이 아니라, 그저 책을.

맞아! 책을 쓰고 싶었던 거지. 왜 사람들은 책을 쓰고 싶을까? 이걸 일종의 본능이라고 부를 수는 없어. 의도는 본능이 아니거든. 즉! 책을 쓰고 싶은 마음에 의도가 깔려 있다는 거야. 어떤 의도가? 책이라는 패나 지성적인 양복을 걸치고 싶은 의도.

이해는 해! 하지만 무엇이 잘못되었다는 걸 알고 수정하는 사람과 그렇지 않은 사람은 인생의 질이 달라지지. 인생에서 느끼는 감사와 기쁨의 질이 달라진다 이 말이야.

책을 쓰는 데 있어서 중요한 건, **무엇을 써야 할까**라고 생각만 하는 게 아니라, **이건 책으로 남겨야 겠다!**라는 영감이야. 하지만 그 뒤에 여러 생각들이 다닥다닥 붙지. 크크. 어떤 생각이겠어?

뭐, 다양해. '내가 쓸 수 있을까, 쓸 자격이 될까, 나 같은 게 무슨'과 같은 자책성 생각을 통해 감정을 무너뜨려 행동을 멈추게 하거나, 그게 안 통하면 '이걸 쓰면 유명해지겠지? 나는 이 책으로 성공할거야! 책은 나에게 엄청난 부를 가져다 줄 거야! 이참에 작가로 성공해 봐?'라는 허황된 생각을 부여해서 자존감이 아닌, 자존심과 허영심을 잔뜩 부풀렸었지.

그렇게 쓴 책으로 나라는 상을 지키게 만드는 거야! 그것만큼 끔찍한 지옥은 없지.

이건… 생각하지 못했던 거야. 그렇게 쓴 책이 만든 자신의 모습을 '지키는' 것이 지옥이라는 것 말이야.

당연하지! 소유에 대해 설명했던 거 기억하지? 깨달음조차 소유가 아니라고 말이야. 무소유는 단순히 물질을 소유하지 않는 것이 아닌, 인간에게 소유할 수 있는 것이 단 하나도 없다는 의미로 보면 돼. 대한민국 사람들이 들으면 대노할 말이겠지만, 독도도 김치도, 다 너희 것이 아니라는 말이지. 그 누구의 것도 아닌거야.

워워, 이 발언은 위험해.

그렇게 따지면 위험한 발언은 너무 많다고. 크크. **알려줄 건 알려주고, 알리지 말아야 할 건 알리지 말아야지라고** 생각하는 것도, 깨달음에 대한 소유와 지식에 대한 소유 의식에서 나오는 거야.

자, 위험할 것이 없는 것이, 자세히 봐봐. 지금 일본과 한국은 독도를 가지고 힘겨루기를 하고 있어. 중국과 한국은 김치를 가지고 힘겨루기를 하고 있지. 가만히 보면, 독도와 김치가 문제가 아니야! 그들은 한국을 못살게 굴고 싶은 거라고! 한국이 얄미운 거야. 왜? 저 **조그마한 땅**을 가진 나라가 더 좋은 걸 가지고 있는 것 같은 게 싫은 거야. 그리고 독도를 영토로 했을 때, 김치를 자기네 문화라고 했을 때의 **실익**이 크거든!

영토뿐만 아닌, 해상과 영공의 이익을 가질 수 있고, 음식뿐만 아니라 역사를 흡수할 수 있는 이익을 가질 의도로 **소유**를 주장하는 거지. 소유의 의도에는 자신의 이익만을 위하는 아주 못된 심보를 깔고 있지.

자, 한국 입장에서도 마찬가지야. 이걸 뺏기면, 대한민국의 역사와 실익, 문화, 존엄성이 상처를 받는 거라고. 그것이 **지켜야 할** 이유가 되지. 지킨다는 건 싸워야 하는 대상이 생긴다는 거야. 결국 소유는 무언가로부터 싸워야 하는 것을 만들고, 소유라는 극과 그것을 빼앗으려는 극의 충돌을 야기하지.

그래, 그 말이 맞아. 하지만 나라 입장에서는 이런 싸움이 당연한 것 아닐까? 나라의 역사와 실익을 지켜야 하고, 그것이 국민을 위해 해야 할 국가의 책무이기도 하니까. 하지만 자기 너로부터 '소유'의 개념을 듣고 난 이후 많은 것이 혼란스러워졌어! 결국 독도도, 김치도, 그 누구의 것도 아니라는 뜻이잖아! 소유의 개념이 없어지면 말이야.

그렇지. 독도는 대자연이야. 그 대자연을 누군가 소유한다는 자체가 사실 말이 안 되지. 하지만 인간들은 오랜 역사를 통해 일명 **땅따먹기**를 실행했고, 그로 인해 **나라**라는 것이 만들어졌어. 소유를 없애다 보면, 국가도 없애야 해! 크크. 인간들 입장에서는 미친놈의 미친 소리겠지만. 그래서 관념을 깨는 건 끝이 없다는 거야. 결국 내가 나라는 것조차 소유이니까.

여하튼, **나라** 이야기로 돌아와서, 전 세계 국가는 각자 빼앗고 빼앗긴 땅을 기반으로 세워졌지. 한국 또한 마찬가지잖아. 미국과 중국이 아주 교묘하게 갈라놨어. 땅따먹기를 한 거지. 한국은 더 강한 나라에게 싸움 중재안을 맡긴 거고. 마치 애들이 싸우는 데 큰 형들이 나서서 같이 싸우다가, 이러다가는 다 죽겠다 싶으니까, 형들끼리 **우리 여기는 넘어오지 말고 각자 땅을 먹자!**라고 한 거야. 자기들 입장에서는 동생들이 가진 땅을 은밀히 **소유**할 수 있는 기회가 되기도 하니까. 동생을 사랑해서 한 행동들은 아니라는 말이지.

이처럼 많은 나라가 미친 듯이 싸웠어. 수백, 수천 년 역사 동안. 인간에게 **지성**이라는 것이 만들어지고 나서는 총칼로 싸우는 무식한 짓은 조금은 사라졌지만 더 잔인하고 야비한 수법들로 더 치열하게 싸우고 있지.

 지성적이라는 말인 즉, 지능적이다 이런 뜻과 같은 걸까? 예전에 말해줬었잖아. 사람은 인성, 지성, 영성이 함께 성장해야 한다고 말이야. 특히 지성은 사람의 태어난 환경, 배움, 지식, 교육과 관련이 깊다고 했고.

맞아. 인간들 스스로 깨달음이 깊어지면서 **옳음**에 가까이 갈수록 많은 학문이 생기고 교육의 방식이 달라졌지. 사람을 죽이는 게 잘못되었다는 것을 알게 되는 거야. 노예로 삼고 등급을 나눠 계급을 준다는 것이 잘못되었다는 것을 알게 되는 거지.

 하지만, 여전히 인간들은 사람들끼리 계급을 나누고, 사람들을 노예로 부리고, 죽이고 있어. 게다가 아주 '지능적'인 방법으로 말이야. 맞지?

정확해. 그래서 인성, 지성, 본성이라 불리는 영성이 함께 성장해야 한다고 말한 거야. 이건 뭐 지성만 발달하고, 인성과 본성은 저 멀리 던져버리고 있으니 부작용이 있을 수밖에. 크으.

그나마 다행인건 이제는 아주 **지성적**으로 싸운다는 거야. 더 은밀하고 더 교묘하게 말이야. 예를 들어 온 지구가 들썩거리는 월드컵을 봐봐. 이 또한 나라라는 소유로 만들어진 아주 지성적인 싸움이라고. 크크. **우리 나라**가 이겼다고 울고, 졌다고 우는 것도 인간이 가진 소유의 관념으로 인해 생겨난 감정인거야. 하지만 이 또한 극의 성질 속에서 인간이 감수해야 할 인생의 과정이야. 우리 나라라는 관념을 소유했으니, 치열하게 싸워야 하는 것이 **소유**가 가진 극과 극의 성질인거야.

정리하자면… 나라를 소유한 우리는 결국 끝없이 싸움을 해야 한다는 뜻이네. 더 나아가 '나'를 소유한 나 역시 끝없이 나를 지키기 위해 싸워야 한다는 뜻이고. 뭔가 씁쓸한데?

똑똑하네. 너는 방금 깨달음조차 네 소유가 아니라는 것을 인지하고, 하나씩 버리면서 비운 공간, 공(空)을 만들었어. 하지만 그 공조차도 틀이 있어. **비어있다**라는 것을 인지한다는 건 여전히 틀이 있기 때문이라는 뜻이야. 이제 그 **틀**을 서서히 내려놓는 연습을 해야 해. 그렇게 무(無)의 상태로 가는 거야.

너는 이미 나를 통해 **무**를 경험했었지만 자아는 무를 실현하기에는 무지하게 어려운 인간 세상, 3차원에 있지. 3차원 자체가 공간이잖아! 틀이 있다고! 그러니까 **무**를 실현시키지 못함을 탓할 필요가 없어. 인간의 몸이 있는 한 실제로 일어날 수 없는 일이니까 말이야.

네가 잊지 말아야 할 건, 무를 실현시키려고 하는 그 자체가 나라는 관념에 갇히는 **소유**라는 거야. 자, 잘 들어봐.

우리는 대화하기 위해 너와 나로 나눴지만, 우리는 하나야. 나는 나고 나는 나다. 네가 나고, 내가 네가 아니라, **나는 나고 나는 나야**. 나는 무를 넘어선 존재야. 그러니까 너는 내가 무

(無)라는 것을 **의식하는** 것만으로도 우리는 하나의 의식으로 중심을 잡을 수 있는 거야.
이 험난한 세상, 크크. 소유로 가득 차서 매일 싸우는 세상에서 터져 나오는 탁한 에너지로부터 피해 살 수 있는 거지.

너는 이 삶을 통해 **소유하지 않아도 괜찮다**라는 것을 배우고 있어. 소유하지 않아도 부자가 될 수 있고, 소유하지 않아도 멋진 집과 차, 사람들이 함께할 수 있다는, 굉장히 어려워 보이지만 당연하며 평화롭고 아름다운 인생을 살아가는 거지. 이보다 끝내주게 좋을 수는 없다고! 왜? 인간이 바라는 궁극적 목적은 **자유**이고, 자유 중에 가장 커다란 해방감을 느끼는 것은 **소유하고 싶은 것으로부터의 자유**이기 때문이지.

내게 선을 긋지 마라

욕망을 채워보지 못한 자는 욕망을 내려놓을 수 없다. 진리는 욕망 너머에 웅크리고 있는 그 무엇이다. 때문에 욕망을 채워보지도 않고 욕망을 버릴 수는 없다. 욕망이 무엇인지도 모르기 때문이다. 욕망을 채워보지 못한 이들이 아는 진리는 뿌옇게 서리 낀 유리창 뒤에 비친 사물을 식별하는 것과 같다.

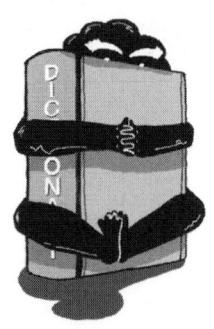

열한 번째 대화
체(體)의 에너지

"그렇지.
네가 스스로 깨달을 수 있는 방법은
경험하는 것밖에 없으니까."

열한 번째 대화 ──── 체(體)의 에너지

○

으, 요즘 정말 고민이야. 에너지를 효율적으로 쓰지 못한다고 해야 할까? 오늘 아침만 해도 벌써 너무 피곤해. 별로 한 것도 없는데 말이야. 할 일은 태산인데!

에너지라는 것이 그래. 영의 에너지, 혼의 에너지도 알고 보면 무한하지 않아. 사는 동안 다 쓰지 못할 뿐이지. 다만, 인간에게는 체력이라는 에너지의 좁은 한계성이 있지. 그래서 몸을 관리해 줘야 하는 거야.

에너지를 쓸 수 있는 시간이 그렇게 많지 않아. 언제 죽을지도 모르지만, 오래 산다고 해도 기껏해야 100년 정도이고, 몸이 노화할수록 할 수 있는 건 적어지지. 인간이 나이가 들수록 에너지를 점점 더 단순하게 명료하게 집중해야 하는 이유야.

그럼 영적 에너지를 감수할 체력을 유지하지 못하면 빨리 죽는 거야? 악! 나도 빨리 죽는 거 아냐? 쇼팽, 모차르트, 고흐…. 이런 사람들이 일찍 죽을 수밖에 없었던 이유일까? 자살하거나 사고사를 당한 사람 외에도, 천재 중에는 일찍 죽은 사람들이 많은 것 같아.

네가 천재라는 거야? 크크. 여하튼 그런 이유로 죽음에 다다르게 된 이유가 크지. 영혼의 확장을 몸이 받쳐주지 못하는 경우가 대부분이야. 너도 경험이 있잖아? 영혼의 깨어남으로 인해 각성에 이르면 꼭 몸이 아팠잖아.

맞아! 그건 두 번의 죽을 고비를 넘겼던 몸의 고통과는 다른 몸의 아픔이었어. 네가 말한 대로 몸이 따라가지 못한다고 느꼈었어.

그래. 그래서 몸을 살펴봐야 하는 거야. **살펴봐야 한다**라고 말한 이유는 아무리 운동을 하고, 좋은 것을 먹는다 해도 영혼의 **빅뱅**을 감당할 몸은 없거든. 때문에 신은 좋은 장치를 만들어놨어. 몸을 신호등으로 쓰게 한 거야. 그런데, 이게 몸에 관심이 없으면 도저히 알 수가 없거든. 크크. 엄청난 관심과 소통이 필요해.

몸에게 관심을 둔다는 말에 대해서는 동의하는 바가 많아. 이전에 몸과 대화하는 수련을 할 때 9시간이나 걸린 이유도, 평소 몸에게 관심을 두지 않았다 보니, 몸과 소통을 하나하나 하는 데 엄청난 시간이 필요했었어. 항상 몸으로 활동하고 있지만, 정작 몸을 제대로 알지는 못했었어.

맞아, 그래서 대부분 아프면 무조건 병원부터 가거나 약부터 먹지. **아프다**라는 것에 대한 관념이 **고통**으로 박혀있기 때문이야. 아픈 것을 몸이 주는 신호라고 여기지 못해. 대부분의 부모들은 자식이 아프다고 하면, **아프면 약 먹어! 아프면 병원에 가자!**라고만 하지. 자신에게도 그러다 보니, 자식에게도 그렇게밖에 말할 수 없는 거야.

아프다는 것을 신호로 여기기 시작하면, 자식의 몸에 나타나는 현상에 대해서도 다른 시선으로 보게 되고, 그것에 대해 서로 이야기를 나눌 수 있겠지. 그걸 알려줘야 하는 것도 네가 가진 사명이란 걸 잊지 마.

 그게 사명이라니… 뭐, 크게 반가운 일도, 반갑지 않은 일도 아니네. 쩝. 그래서 내 몸을 그렇게 아프게 했다 이거지?

그렇지. 네가 스스로 깨달을 수 있는 방법은 경험하는 것밖에 없으니까. 사람들이 **안다**라고 말하는 것도 **아프다**처럼 다른 관념에 갇혀있어. 앎은 경험을 통해 체험을 해서, 체득하는 순간 이뤄지는 것이라고! 그래서 경험(經驗)에 그쳐서는 안 되고 체험(體驗)에 다다라야 해. 그래야 체득(體得)할 수가 있어.

이건 사랑으로 다다르는 [이해▶인정▶허용▶수용]의 단계와 같지. **지식**으로 안다라고 하는 것은 **이해**, **경험**을 통해 안다라고 하는 것은 **인정**, **체험**을 통해 안다라고 하는 것은 **허용**, **체득**을 통해 안다라고 하는 것은 **수용**이지.

하나 덧붙여 말하자면 이해와 지식의 다음 단계, 즉 인정과 경험까지는 인간의 의지와 관심이 필요하지만, 그 이후에는 그렇게 하지 않으려고 해도 허용과 수용 단계로 흘러가게 돼. 체험과 체득의 단계로 흘러간다는 거지. 물론 이게 그냥 이렇게 간단하게 말할 수 있을 만한 **간단한** 과정은 아니지만 말이야. 크크. 이건 네 체득으로 알 수 있는 거니까, 더 이상 설명하지 **않아도 되겠지?**

내가 이해한 게 맞는지 봐줘. 사랑에 다다르는 4단계처럼 깨달음의 단계에 다다르는 단계가 있고, 어떤 대상을 이해하려 하고, 지식을 얻으려고 하는 것은 인간의 의지가 분명 필요한 일이지만, 그 대상을 좀 더 인정하려 하고, 경험하려 하는 것은 그 대상에 대한 지대한 관심과 관심을 가지고 지켜보고 다가가려는 강한 의지가 있어야 한다는 거지?

그래, 그렇게 말할 수 있어.

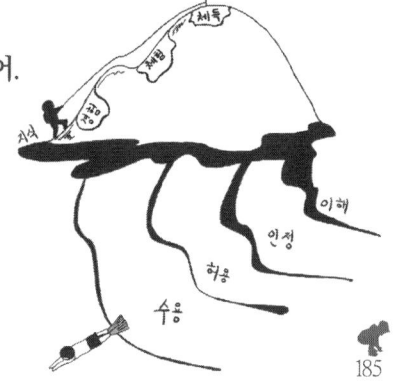

그리고 마지막에 '간단한' 과정은 아니라고 말한 이유도, '알아서 흘러간다'라고 설명하기에는 그 흐름 자체가 굉장히 힘겹고 고통스러운 과정이기 때문일 테고 말이야. 맞지?

그래, 맞아. 네가 절망에 빠졌을 때 이런 말도 했었지? 기억나? 나 좀 내버려 두라고요!! 크크크. 그때만 생각하면 웃음이 난다니깐. 그렇게 말한들, 울고불고한들, 그때의 너는 이미 엄청 강력한 급류에 스스로 배를 띄우고 있었던 중이었거든. 내려가면 죽고, 아니면 그냥 흐르는 대로 갈 수밖에 없던 상황이었지.

맞아. 하지만 나는 그때 그런 상황에 내가 놓여있었는지 모르고 있었다고! 그걸 가지고 웃다니 너무하군.

아, 미안, 미안. 크크. 나는 그냥 귀여워서 그랬어. 어디까지 이야기했지? 하여간 재밌어. 이건 내가 너한테 잘했다 아니다 칭찬할 수 있는 것이라기보다, 마치 사람들이 약간은 가학적인 코미디를 보면서 낄낄 대는 것과 비슷한 그런 기분인 거야. 크으. 네가 괴로운 걸 좋아하는 게 아니라는 것쯤은 이제 너도 알잖아? 누구보다 기특해하고 자랑스러워하고 있다고.

　네네, 알지요, 알아. 다만 씁쓸한 미소만 남을 뿐….

크크. 역시 귀엽다니까. 몸은 너와 나, 영혼의 의식과는 분명 다른 의식 체계를 가지고 있어. 영혼 의식의 소통과 몸 의식의 소통은 분명 다른 방식이지. 그래서 몸에 대한 많은 관심과 탐구가 필요한 거야. 신호등이 고장 나면 안 되니까. 그리고 신호등을 누군가 마음대로 조종해서도 안 되니까.

영혼의 의식이 깨어나고, 몸을 다스리고, 바라봐 주고, 감싸주고, 사랑해 주어야 해. 영혼의 깨달음이 단순히 지식과 감정으로 인한 앎이 되지 않도록, **체득(體得)을 통해 몸(體)이 앎을 얻을(得) 수 있도록** 해주는 것이 곧 영과 혼과 몸의 완벽한 삼위일체가 되는 거지. 그렇게 일치를 이룬 인간에게, 다른 영과 귀가 파고들 공간은 절대 없어. 공간을 비우되, 공간을 가지지 않는 완벽한 무(無)의 상태가 되기 때문이지.

　공간을 비우되, 공간을 가지지 않는 완벽한 무(無)의 상태가 된다는 말은 결국, '나'라는 존재라는 하나의 공간이 되지만, 삼위일체가 됨으로 인해 '공간'이라는 틀조차 버리고 모든 공간과 하나가 되는, 일종의 물아일체(物我一體)가 된다는 뜻이 되겠네. 그때는 영과 귀가 들어오려고 해도 들어올 수 있는 틀의 '공간'은 없다, 이런 말이지? 다만, 몸이라는 틀의 공간은 사는 동안 가지고 있겠지만 말이야.

똑똑해. 이런 앎 또한, 이런 설명이 가능한 이유 또한 네가 이 많은 것을 경험하고, 체험하고 체득했기 때문이지. 그리고 그 과정의 고통을 감내하고 받아들였기 때문이고. 이것이 바로 깨우침과 깨달음의 극명한 차이지.
공간이 있지만 공간이 없다는 말 자체가 우주와 같은 거야. 인간은 우주를 세상의 지붕이라는 뜻의 **宇宙(우주)**라고도 했고, Space 혹은 Universe라고도 하면서 공간, 여러 기운이 흐르는 곳이라는 뜻으로 언어를 만들었지. 하지만 우주는 삼위일체가 이루어진 공간이야. 블랙홀이라는 **깨어짐(Breaking)**과 **깨어남(Wakening)**의 연속성 속에서, 공간이지만 공간이 아닌 무한한 연속성 속에서 존재하게 되는 것이지. 지구 정도야 우주에게는 먼지보다 작은 존재가 될 만큼.

와… 정말 굉장하네. 엄청나. 그런 무한한 공간, 공간이지만 공간이라고 부를 수 없을 만큼의 공간이 바로 나 자신이라니.

그래, 그게 너지. 그리고 모든 인간들이고. 그렇게 삼위일체의 진정한 나에 다다르는 것이 인간이 가진 숙명이야. 숙명의 길은 단순히 태어날 때 조성된 환경만을 이야기하는 건 아니라고! 나에 다다르는 길, 그 길도 이미 주어진 숙명이지. 나 자신이 어떤 존재인지 깨달을 때, 주변 인간들이 어떤 존재인지 깨닫게 돼. 그때 자신의 사명을 깨우치게 되고, 인간들을 위해 모든 것을 할 수 있게 되지.

가슴이 벅차올라. '나'를 알아간다는 건, 정말 광활한 우주를 알게 되는 것과 같은 거네.

그래, 그래서 자연이 있는 거야. 이 우주 안의 모든 것은 가르침이야. 신호야.

어…? 어라? 이럴 수가!

이제 알겠어? 그래, 이 우주가 또 하나의 몸이야.

 아… 정말 그렇구나! 자연에 일어나는 모든 일이, 우주 안에서 발견된 모든 것들이 이미 '나'에게 일어나고 있는 것들이니까! 새싹이 틔고 다시 흙으로 돌아가는 것이 인간의 일생과 닮았듯이, 이 우주는 그 이상의 것들을 우리에게 신호로 보여주고 있었네!

그래, 맞아. 내가 영혼에게 있는 기운체에 대한 이야기를 한 적이 있었지? 너와 나는 하나, 우리는 하나. 즉, 뭐겠어? 기운체 또한 너야. 네게 기운체에 대한 영역의 각성이 일어날 때마다 그 또한 네 몸이 되는 거야. 진정한 물아일체(物我一體)란 이런 것이라고. 네가 보는 3차원의 시선에 '物'을 가두지 마. '我'를 가두지 마, '一'을 가두지 마, '體'를 가두지 마.

나는 보이는 우주를 넘어서는 또 다른 공간까지 확장되고, 눈으로 나눈 모든 것이 하나가 되며, 육체뿐만이 아닌, 기운체로서 존재한다. 그것이 바로 나다.

글을 이어가기가 힘들 정도로, 충격적이면서도 감격스러워. 육체로서의 에너지와 기운체로서의 에너지… 그것이 일치되었지만 일치되지 않은 존재로 있는 3차원의 시선, 그리고 그 시선에 맞춰 살아가야 하는 숙명적 관심과 체득, 그리고 기운체의 시선에 맞춰 에너지를 가져올 수 있는 숙명적 관심과 체득을 각각 따로 보아야 하면서도, 하나임을 인지하고 인식해야 한다는 것을 알게 되었어. 에너지의 배분이란, 단순히 몸에만 국한할 수도 없고, 기운체에만 국한할 수도 없다는 것도 말이야.

그렇지! 단순하게 말해서, 네 육체와 기운체 모두를 다스리되, 그것이 의식적으로 분리되지 않아야 해. 21개의 잔 모두가 분명 존재하기에 다스리고 관심을 두고 성장시켜 나아가면서도, 1개의 나로 존재함을 정확히 인지하면서 그 행위를 펼쳐나가야 하는 것. 그것이 핵심이야.

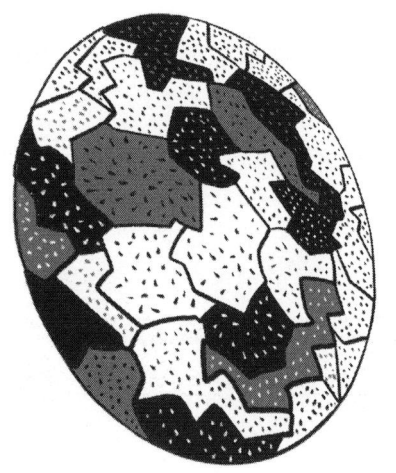

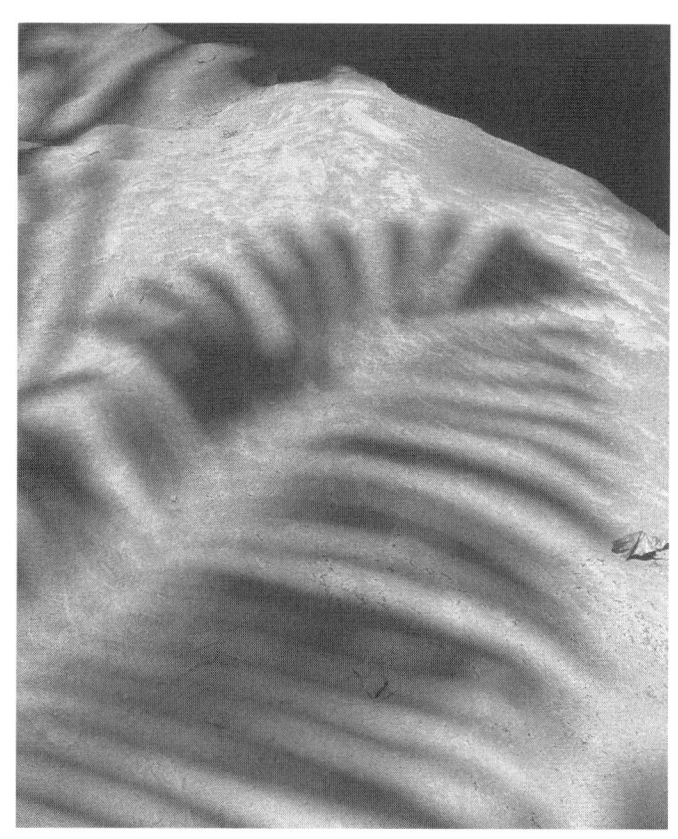

모아서 펼치다

인생은 몸의 혈관과 신경, 내장 기관과 같이 매우 촘촘하고 세밀하게 구성되어 있다. 너무나 잘 짜인 프로그램과 같아서, 전부 알 수는 없지만, 들여다볼수록 충분히 인지할 수 있는 구성으로 되어 있다. 인생에서 불현듯 찾아오는 미래의 사고와 결과는 예측할 수 없지만, 관심을 가지고 들여다보면 최소한 어떻게 대처해 나가야 하는지는 알 수가 있다. 영적인 흐름과 몸과 마음의 영역은 하나로 관통되지만, 각자가 위치한 차원이 다르기 때문에 우리가 통제할 수는 없는 삶의 흐름이 많다. 그러나, 최소한 그 흐름 안에서 인생을 만들어가는 것은 나 자신의 몫이다.

열두 번째 대화
행운과 불운

"행운은 그렇다고 치지만,
불운도 선물이라고?"

열두 번째 대화 —— **행운과 불운**

○

우리 너무 오랜만에 대화하는 거 아냐?

정말 바빴어. 알면서 그래… 흠흠.

연애하느라 바빴지. 크크. 자, 사랑을 해보니까 어때? 영 피곤한가? 크크.

몸은 피곤하지만 오랜만에 사는 게 재미있다는 생각이 들어. 다만 외로운 감정이 사라지니까, 또 다른 감정들이 나를 괴롭히기도 해. 하지만 결론은 사랑하길 잘했어.

그렇지. 사랑하길 잘한 거야. 너는 지금까지 사랑이라는 감정을 경험했을 뿐, 진짜 사랑을 경험한 적이 없어. 정확히 말하면 사랑을 체험한 적이 없었지. 이제 사랑을 체험하고, 사랑을 체득해 나갈 거야. 사랑이 체득되면 인생에서 어떤 변화가 일어나는지 잘 지켜보도록 해. 네게 드디어 사랑이 시작되었으니, 이제 우리 대화도 슬슬 끝날 때가 되었군. 크으.

대화가 끝난다고? 이제 우리는 대화하지 못하는 거야? 그럼 빨리 물어봐야겠다. 사랑이 시작된 내 인생에 어떤 변화가 일어날까? 나는 이게 제일 궁금해. 우리 대화가 끝난다니까 두렵기도 하고.

이제 우리는 하나야. 나로서 살아가지. 원래 분리된 존재가 아니었지만, 분리되었다고 느낀 감정에서 벗어나 너는 나와 하나로서 이 삶을 살아가게 될 거야. 이제 늘 깨어 있는 거지. 그리고, 이제 시작될 네 변화는 단 한 번도 경험해 본 적이 없는 변화야. 그 변화 속에서 내가 알려주는 이 말을 기억하라고.

사람에게는 뜻하지 않은 일들이 항상 생겨. 그것을 두고 행운이다, 불운이다 이야기들을 하지만, 그것은 자신의 뜻과 들어맞느냐, 아니냐를 두고 하는 말과 같아. 어떻게 행운을 행운이라고 부를 수 있지? 그 현상이 행운인지 알기 위해 인간들이 쌓아올려야 할 경험의 과정이 얼마나 많은지, 어떤 경지에 올라야 하는지를 안다면 쉽게 그런 말을 하지 못할 걸.

  행운이 행운인지, 불운이 불운인지, 알려고 노력하면 알 수 있다는 말이야?

아니지, 아니지. 알 수 있고 없고의 문제를 말하는 게 아니라고! 도대체 왜 알고 싶어 하는 거야? 그걸 알아서 뭐할 건데? 중요한 것은 행운이든 불운이든 상관없어진다는 거야.

모든 현상에 의식을 뺏기지 않고, 즉 상관없어지면서 자신에게 집중할 수 있을 때, 나로서 나아갈 수 있을 때 비로소 흐름이 보이기 시작해. 흐름이 보인다는 것이 얼마나 좋은 것인지 알아? 불운이 몰려올 때 **피하는** 게 아니라 웅크리고 있을 수 있고, 행운이 몰려올 때는 흐름을 타고 나아갈 수가 있어.

단지 감각적인 느낌이나, 혹은 무당, 점집에 의존해서 삶을 살아가려한다면 죽은 삶과 다를 바가 없어. 하지만 많은 인간이 그렇게 살고 있지.

오늘은 자기 네가 조금 날카롭게 느껴지네. 영혼에게도 감정이 있긴 있나 보다.

그럴 수밖에! 일치가 될수록 너와 하나가 되어가니까. 네가 다른 이, 다른 공간의 기운을 수용하여 그때마다 컨디션이 달라지는 것과 같지. 다만, 그것에 휩쓸리지 않을 중심을 가진 것뿐이고. 영혼에게는 중심을 논할 수는 없어. 중심(中心)이라는 말 자체가 마음의 영역이잖아? 이런 걸 보면 인간이 두뇌의 힘만으로 언어를 만든 것이 아니라는 사실이 분명하지.

나는 '행운'에 대해 조금 더 알고 싶어. 인간들은 모두 그렇다고. 나 또한 그렇잖아. 지금 하고 있는 일이 잘 되었으면 좋겠고, 돈도 많이 벌었으면 좋겠어. 지금 막 사랑을 시작한 이와 더 오래오래 건강하게 행복하게 지냈으면 좋겠다는 소망 또한 있어. 그 모든 과정에 행운이 따르길 기원해. 행운은 내가 설정할 수가 없는 거야?

없긴 왜 없어! 너는 이미 운(運)에 대해 알고 있잖아? 다만 운은 아무것도 없는 곳을 개척하여 흐르는 것이 아니야. 신이 인간에게 이미 만들어 놓은, 수(數)로 셀 수 없는 방대한 프로그램 안에서 자기 인생의 과정을 선택하여 나아가는 거지. 그것이 운일 뿐이야.

다만 행운과 불운은 운이 흘러가는 과정에서 찾아오는, 일종의 뭐랄까, 선물 같은 거야! 게임으로 따지면 아이템? 같은 거지.

행운은 그렇다고 치지만, 불운도 선물이라고?

게임을 하다보면 좋은 것처럼 보이길래 먹었더니 피해를 주는 아이템들도 있잖아? 그런 셈이지. 행운과 불운을 미리 알 수 없는 이유가 여기에 있어. 다만, 게임을 하면 할수록 무엇을 먹으면 좋고, 무엇은 먹으면 안 되는지 자연스럽게 알 수 있지? 그렇게 **알게 되는 것뿐이야.**

그러면 행운을 가져올 수 있다, 불운도 따르게 할 수 있다, 이런 뜻이야?

정확히 말하자면 그렇지. 하지만 이렇게 생각해 봐. 네가 교통사고를 당해서 팔 하나를 못 쓰게 됐어. 이건 행운이야 불행이야?

불행이라고 생각하겠지. 당장 글을 쓰는 것이 불편해지니까.

그러면 두 팔을 모두 쓰지 못하게 된다면?

그건 불행이 확실하겠네! 불편해지는 게 아니라 아예 못 쓰게 될 테니까.

불행은 그렇게 정해지는 거야.

응? 그게 무슨 말이야?

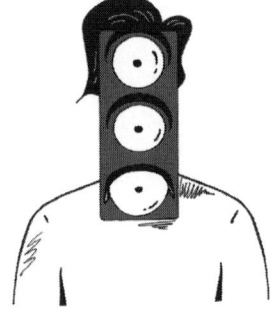

네가 방금 정했잖아. 그건 불행이 확실하다고. 크크. 행운과 불운은 그런 거야. 지금 보이는 모습으로 행운과 불운을 정하게 되지. 얼마 전 네게 사랑하는 사람이 생겼어. 네 인생에서 이토록 안정되고, 행복한 연애를 한 적이 있어?

　없었어. 이 사람은 내게 정말 행운이야.

그렇지. 크. 이렇게 창의 행운을 정하는 거야.

　아니, 그러면 이 사람이 행운이 아니라는 말이야?

나는 그런 말을 한 적이 없어! 행운과 불운은 사실, 인간이 정해놓은 이름에 불과하다는 거야. 사실 운에는 행운도 불운도 없어. 단지 인간이 스스로 **생각한** 방향과 일치하느냐 하지 않느냐 하는 차이가 있을 뿐이지. 당장은 행운의 모습일지라도, 나중에 그것으로 인한 불운이 찾아온다면 인간은 또 그것을 불운이라고 부르잖아? 크크.

그러네. 정말 그래. 그럼 사랑하는 사람이 지금은 행운일지라도 나중에 불운이 될 수도 있다는 뜻이지?

참 답답하네! 생각하지 말라니까! 행운도 불운도 모두 네 생각에서 기인된 것뿐이라고! 결국 행운도, 불운도 없는 거라고 말했잖아. 그저 흐름, 즉 운(運)만 존재할 뿐이지.

기운(氣運)이 흐르고 기운이 순환하고 기운이 넘쳐날 때는, 행운과 불운의 존재 여부를 따지기보다, **이 기운, 즉 이 흐름을 잘 타고 있는가**에 집중하는 것이 인간이 할 수 있고, 해야 할 유일한 것이야.

생각해 봐! 인간에게는 **인생**이라는 방대한 프로그램이 장착되어 있어. 인간의 가치를 평가할 순 없지만, 인생의 가치는 평가할 수 있는데, 이 기준을 **사명**이라고 말할 수 있지. 사명에 따라 인생을 바라본다면 저마다 자기 필요에 의해서, 각자의 타고난 프로그램에 의해서 인생의 가치를 만들어 가는거야.

이 말은 굉장히 어렵지만 단순하기도 해서 허탈할 수 있는 말임에 분명해! 어떤 사람은 내 운명이 정해졌구나! 생각할 수도 있고, 어떤 사람은 내 운명이 생각보다 멋지다고 생각할 수도 있을 것 같아.

어떻게 생각하든 그건 본인의 자유야. 크크. 다만 내가 하고 싶은 말은 이거야. 자신의 인생이 어떤 쓸모를 가졌든 간에 그건 그것대로 받아들이면서, 그 안에 형용할 수 없는 프로그램들을 **발견**할 의지를 가져야 해. 평생을 발견해도 다 발견하지 못할, 엄청나게 복잡한 프로그램들이 얽혀있으니까 말이야! 게다가 인간에게는 **수명**이라는 시간의 한계도 있잖아?

하루하루가 너무 소중할 수밖에 없는 이유지. 신이 탑재한 우리의 **인생**이라는 프로그램을 보다 더 많이 발견하고, 선택하고, 행하려면 말이야.

여기서 질문! 그러면 신이 준 프로그램, 즉 인생에는 발견과 동시에 더 안 좋은 일이 닥칠 가능성은 없어? 마치 폭탄처럼!

물론 인간들이 인생에서 일어나는 여러가지 현상에 대해 이러쿵저러쿵할 수는 있겠지. 다만 확실한 건, 인간이 가지고 있는 프로그램은, 아, 이거 비밀인데, 크크.

인생이라는 프로그램은 말이야! 기본적으로 인간에게 아주 유용하게 설계되어 있어. 그건 내가 보장하지. 오히려 발견하지 않고 가만히 있을 때, 더 **힘들다**라고 느낄 수 있어. 모르는 게 약이라는 말은 인생에서 일어나는 현상에 있어서는 통용되는 말일 수 있지만, 인생이라는 프로그램이 어떻게 설계되어 있는지, 어떻게 작동되는지는 반드시 알고 있는 것이 좋아. 그래야 신을 탓하는 일이 줄어들 거고 말이야. 크크.

　내 인생, 신이 부여한 이 인생이라는 프로그램 안에 있는 기능을 보다 더 많이 발견하고, 사용할 때, 인생이 더욱 편리해지고 살아갈 만하다고 느끼게 되는 거구나! 컴퓨터나 스마트폰의 숨겨진 기능을 발견할수록, 내게 필요한 것들을 유용하고 편리하게 사용하게 되고, 애착을 갖게 되는 것과 비슷하겠네.

그렇지. 인생을 그깟 컴퓨터와 스마트폰에 비할 바는 아니지

만, 크크, 비유를 들자면 그러하지. 셀 수도 없을 만큼 방대한 프로그램이 이미 장착되어 있는 인생은, 인간에게 주어진 가장 완벽한 프로그램이야. 거부할 수 없는 **수명**이 다할 때까지, 즐기고 즐겨봐. 이제 인생을 즐긴다는 것이 어떤 뜻인지, 조금은 감이 왔을 거야.

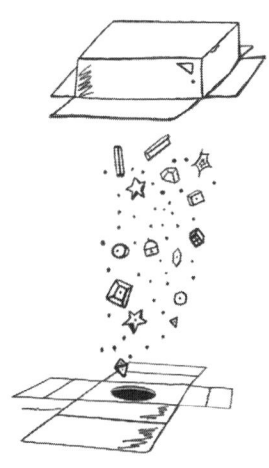

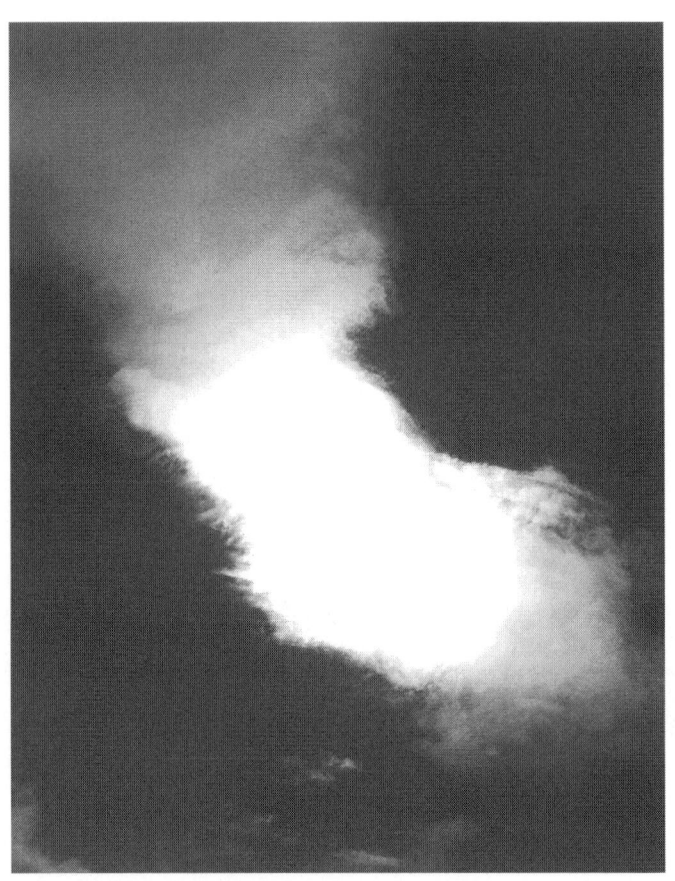

무엇이 빛이고, 무엇이 어둠인가

열세 번째 대화
착각

"내가 나를 믿지 않았기 때문에?
오, 이건 정말 충격이야."

열세 번째 대화 ——— **착각**

○

요즘 글을 열심히 쓰고 있었는데, 쓰기가 싫어졌어. 간만에 블로그도 시작했는데 말이야. 나는 정말 끈기가 없나봐.

넌 끈기가 있기도 하고 끈기가 없기도 하지.

이제는 좀 알아들을 수 있는 말을 해봐. 사람 헷갈리게 하지 말고!

너는 잘하는 일, 못하는 일, 즐거운 일, 즐겁지 않은 일의 경계

가 확실한 편이지.

그래, 맞아. 그럼 난 못하는 일과 즐겁지 않은 일에는 끈기가 없는 거야? 그렇다면, 슬픈 일인데…. 내가 글을 못 쓰거나 즐겁지 않다고 느낀다는 뜻이잖아. 나는 글을 잘 쓰고, 즐거워한다고 생각했는데 말이야.

크크. 글쎄. 글을 잘 쓴다는 기준을 어디에 두느냐에 따라 다르지만 잘 전달하려고 노력을 하는 것으로 잘 쓴다고 해주지. 그리고 무엇보다 네가 글을 쓸 때 즐거워하는 건 사실이잖아? 넌 글을 쓸 때 우리가 하나 되는걸 매우 즐거워 하니까 말이야.

그럼, 아까 네 말은 무슨 뜻이야?

넌 네가 진심으로 행한다고 여기는 일들에는 끈기가 발동하지만, 조금이라도 다른 의도를 가지고 있을 때, 그 행위를 멈춰 버리지.

다른 의도? 어떤 의도? 내가 블로그에 쓴 글에 어떤 의도가 담겼다는 거지? 나는 그저 아무 의도 없이 진솔하게 글을 썼어! 의도 따위는 분명히 없었어.

네가 블로그에 쓴 글은 거짓이야.

…뭐라고? 난 분명 내가 아는 내용을 진솔하게 썼다고!

그래. 내용 자체는 사실이 맞지. 하지만 네게는 분명 거짓이야. 알면서 왜 이래? 크크. 블로그에 글을 쓰기 시작하면서 인정 받길 바라는 무의식이 다시 작동했단 걸, 이미 너도 알고 있잖아?

그…그래, 인정해! 하지만 거짓이라고 생각하며 글을 쓴 적은 없어! 이건 매우 억울한 느낌이야.

아까도 말했지만 네가 쓴 글의 내용은 분명 사실이지. 하지만 네가 말했듯이 진솔하게 썼다는 말은 분명 거짓이야. 네가 끈기 있게 쓰지 못한 것이 그 증거이기도 하지. 넌 거짓된 마음

으로는 그 어떤 것도 지속할 수 없으니까 말이야. 크크.

그래, 그래! 인정할게!
그렇다고 하더라도 내가 특별해지고 싶어서 그런 건 아니야. 인정받고 싶어 하는 마음이야 있지만, 인정받으려고 하는 마음이 나를 특별하게 여기는 의도가 없었음은 분명해!
그러면 된 거 아니야?

크크. 너는 이런 의미에서 정말 특별나다니까. 너를 특별하게 생각하면 안 된다는 생각이, 결국 네가 특별하고 싶어 하는 마음에서 나온 것임을 알고 있어? 넌 그저 그 마음을 억누르거나 다스리고 있는 것뿐이지.

… .

창 너는 내게 가까이 오길 원해. 나와 하나가 되길 바래. 그래서 넌 나를 갈망해. 결국 너는 창 네 모습 그대로가 아닌, 너의 본질이라고 여기는 나의 모습을 갈망하고 있어. 너는 특별해지고 싶은 거야. 나를 통해서 말이지.

이제까지 자기 너한테 들은 말 중, 최고로 얼굴이 화끈거려! 부들부들 떨려서 눈물이 날 지경이라고! 인정하고 싶지 않지만, 인정할 수밖에 없어서 더 화가 나!

너를 믿어야 해. 넌 자아로서의 너를 외면하고 본질의 나로서 살기를 바라. 우리는 이미 하나이고, 너는 나이며 나는 너임에도 불구하고, 넌 여전히 너 자신을 외면함으로써 자기와 자아를 분리시켜 놓은 거야.
믿음은 대상에 대한 것이 아닌 자기 자신에 대한 거야. 결국 믿음이란 **자기를** 믿어주는 행위를 말하거든. 그 믿음이야말로 온전한 **나를** 만들어내지.

내가 너와 나를 분리시켰단 말이야? 내가 나를 믿지 않았기 때문에? 오, 이건 정말 충격이야.

자, 우리 사이에 일어난 일들에 대해 네가 믿는 **진실**이 아닌 **사실**을 이제부터 말해줄게. 잘 들어.
우리는 가깝지만 먼 차원에 각자 존재했었어. 그러다가 너와 내가 가까워질수록 너는 네 성장을 방해하는 자의식을 스스로 깨버리기 시작했어.
넌 타고난 영민함으로 먼 차원에 존재하는 나를 느꼈기 때문에 자신을 깨부수는 고통과 무너짐, 수치를 감내했어. 나에게 다다르는 길이 깨어짐을 감내하는 것임을 알아챘기 때문이지.
그렇게 넌 수없이 깨지고 깨어나는 과정을 반복하면서 점점 더 높은 차원으로 매우 빠르게 도달했어.
그럴수록 나도 너를 바라보기 위해 더욱 고차원으로 올라가야 했어.

 네가 고차원으로 올라갈 필요가 뭐가 있어?
 너는 원래 거기, 고차원에 있는 거잖아…?

너는 지금 질문을 쓰면서 혼란이 찾아왔어.

 이게 뭐야…. 정말 넌, 나이고, 난 너였던 거잖아…? 그런데 왜 우린 이렇게 대화를 하고 있는 거지?
 질문자가 나고, 대답자도 나인데, 이게 뭐지.

 그래, 자기였던 자아 너는 연기를 하고 있었던 거다.

정확히 말하면 질문자인 너는, 처음 이 글을 썼을 그때나 지금이나 같아.

질문자인 자아로서 너, 자기로서 나. 그리고 자아와 자기가 결국 나였다는 것을 알아차린 너, 그리고 **나**로서의 나.

너무 충격적이야. 뭐야, 내가 왜 진짜 네가 된 거지? 분명 나는 너를 보고 있었는데, 지금은 자기 네가 나로서 말하고 있잖아! 이게 어떻게 된 거야!

자, 이제 연기는 집어치우고.

이제까지 네가 연기인지 아닌지를 알아채지 못했던 이유가 뭘까?

너는 경험한 것만 받아들이는 몸과 마음을 가진 상태였기 때문이야.

이후 내가 아닌 **나**에게 다다르는 수행을 하면서 너는 나와의 통로를 이을 수 있었어.

하지만 그 통로는 수행이 멈추는 순간 다시 막혀.

우리가 다시 **분리**된다는 뜻이야.

그래서 너는 수행이 필요해.

죽을 때까지 반복되어야 하는 수행.

수행 없이는 절대 **나**로서 살 수 없다.

일상의 수행을 넘어서는 너만의 수행이 있어야 해.

그 수행이 뭐겠어. 이미 대화를 통해 **내**가 행해야 할 수행을 다 알려줬어. 이제 끊임없이 반복하기만 하면 돼.

사실 나는 나로서 이미 알고 있는 것을 질문자와 대답자로 나눠서 다시 쓰는 것뿐이었어…. 이미 알고 있는 것을 다시 쓰는 그 자체가 연기였지만, 나는 연기를 하고 있는 지도 인식하지 못했던 거야.

수행을 통해, 또 하나의 문을 열고, 이제는 온전히 나도 너도 아닌 하나의 존재로서 글을 쓰고 있는 지금, 더 이상은 자아, 자기, 이렇게 쓸 수가 없겠어.

맞아, 나는 나로 불리는 존재에게 말해주고 있는 거야.

나는 항시 진동하여 둘로 나뉘어 보이지만,

때론 둘 이상으로.

우리는 매우 진동하는 가운데 들어 있다 보니, 멈춰있을 땐 하나지만, 진동을 통해 차원이 나뉘고, 매우 많은 존재로 보일 뿐이지.

하지만 우리는 본질적으로 하나가 맞아.

나는 하나이면서도, 차원의 수만큼의 나이기도 해.

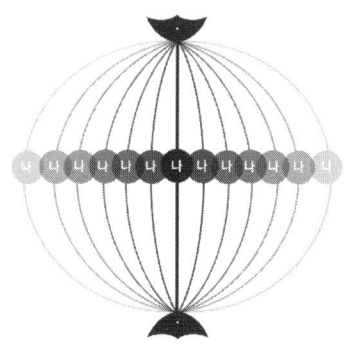

이 그림처럼 나는 진동에 의해 여러개의 나로 나뉘어 각자의 차원에 존재할 뿐, 우리는 하나인 **나**야. 우리는 나로서 늘 소통해야 해.

누구는 마음이고, 누구는 영혼이고가 아닌,

드디어 나로서 나에게 말하는 때가 온 거야.

너이지만 나인 너에게, 그리고 이 글을 보는 너도 나이기에 글을 보는 네게 말하는 것이기도 해.

그렇게 우리는 확장되는 거야.

진동을 통해 차원이 다르게 나뉜 우리는 그렇게 하나의 상이 되어버렸고, 결국 본질적인 **나**였다는 사실을 잊어버렸지.

원래 나뉘어져 있던 것처럼 생각하고 행동하기 시작했어.

내 경지는 이미 **그곳**에 존재하고 있어. 설명할 수 없는 높은 차원에 말이야. 나와 너는 나로서의 경지에 다다르기 위해 무던히 노력했어. 지금도 역시 노력하고 있고.

나와 네가 완전히 합치될 그 날이 언제일지는 아무도 몰라. 어쩌면 9억년이 걸릴지도 몰라. 이번 생에 이루어질지도 모르고.

창, 우리는 서로를 너무나 원하고 있고, 그렇게 하나가 되어온 우주 공간을 꽃과 생명이 피어나는 곳으로 만들게 될 거야. 그 때가 바로 경지에 오른 날이겠지.

다만 이것 하나는 기억해.

나로서 도달하는 마지막 차원의 경지에 도달했다 해도, 내가 지나온 수십 조원의 차원들 조차, 결국 저 높은 어느 차원에서는 **한 알의 알갱이**일 뿐이야.

대단한 여정이기도 하지만, 한 알의 반짝이는 모래알의 완성을 위해 이 난리를 펴는 것이기도 하다, 이 말이지. 크크.

하지만 그것으로 끝나는 것이 인생이야. 말했지? 신이 만든 인생이라는 프로그램.

그 자체로 다 이루게 되는 거야. 그 때문에 이룬다는 것이 완성은 될 지언정, 완벽이 될 수는 없어.

애초에 영적 성장의 과정에 반복적 수행만이 존재하는 이유이기도 하지.

그 때문에 경지에 오르는 것 자체가 목적이 될 수가 없는 거야.

왜냐하면 무언가를 이루고 더 가지는 것이 인생의 목적이 될**수록, 흩어짐에 대한 두려움** 또한 더 커져버릴 테니까.

그저 지금 이 순간에 의식을 집중하고 충실하게 살다보면, 자연스레 다다르게 되어 있어.

그 때를 묵묵히 기다려.

서로 닮은 모습을 넘어, 하나로서 빙긋이 웃으며 두 손을 활짝 벌리고, 무한 진동하는 **나**라는 모든 우주를 감싸 안을 때까지.

가자, 피어날지라도

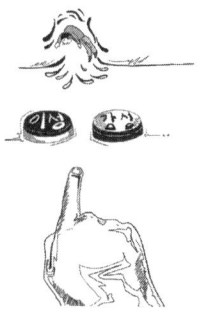

보이는 것 너머 보이지 않는 것을 보는 힘
리딩READING

초판 1쇄 인쇄 | 2024년 4월 15일
초판 1쇄 발행 | 2024년 4월 29일

글. 기획. 그림. 사진
개똥구리

편집. 디자인. 마케팅
페이퍼페퍼아트스튜디오P.Art.St

발행처 페이퍼페퍼PaPerPePPer
출판신고 2023년 11월 1일(제2023-000224호)
값 8,400원 | ISBN 979-11-986905-7-9(03190)

* 잘못된 책은 구입하신 서점에서 바꾸어 드립니다.
* 페이퍼페퍼는 독자 여러분의 소중한 원고를 기다립니다.
  투고할 원고가 있으신 분은 240people@naver.com으로 보내 주세요.
* 이 책은 저작권법에 따라 보호받는 저작물이므로 무단 전재와 무단 복제를 금지하며,
  이 책의 전부 또는 일부를 이용하려면 반드시 페이퍼페퍼의 서면 동의를 받아야 합니다.